JN439277

꿈꾸는 누드

|강종우 수필집|

꿈꾸는 누드

수필과비평사

책머리에

30여 년 동안 몸담은 직장을 떠날 때가 되었습니다. 아쉬움과 함께 새로운 출발을 위한 준비를 하고 있습니다. 새출발에는 설렘 가운데 작은 두려움이 있지만, 지금의 출발에는 설렘보다는 두려움이 훨씬 많은 부분을 차지하고 있습니다. 시간 위에서 정해진 약속은 피할 수 없는 숙명입니다. 새출발 또한 운명입니다. 새로운 출발을 한다는 것은 이전의 마무리이기도 합니다. 직장생활의 긴 여로 위에 내가 남기어 놓은 발자국들을 여기에 묶어 그 마무리를 대신하고자 합니다.

언제였는지는 모르지만, 직장을 떠날 때 무엇을 남길 수 있을 것인지를 생각해 본 적이 있습니다. 그래서 시간 위를 걷는 발걸음에 실린 마음의 조각들을 종이 위에 새기고 있었습니다. 그것은 단지 기록에 지나지 않았습니다. 그러다 부경대학교 문학

동아리 '부경에스프리'를 접하고 나서야 조금은 문장이라 할 수 있는 글을 쓰게 되었습니다. 그렇지만 감히 문학이란 수식어를 달 수 있을 만큼의 필력은 아님을 알고 있습니다. 또한 이 글들을 문학의 작품으로 생각하고 엮은 것도 아닙니다. 단지 나의 지난 생활 속에서 느꼈던 삶의 무게에 대한 생각들을 정리한 것이라고 이해해 주시기를 부탁드립니다.

끝으로 직장생활의 끝에까지 무사히 걸어올 수 있었던 것은 아내라는 버팀목이 있었기 때문이라 여겨져 고맙고 감사하다는 말을 해 봅니다.

2010년

강종우

차례

제1부 귀거래사

제2부 너희가 게 맛을 알아

제3부 망우물忘憂物

제4부 존재의 이유

제5부 산다는 것이 두려울 때도 있다

제1부
귀거래사

야인野人

TV 연속극인 야인시대가 최고의 시청률을 자랑하는 연속극으로 세간의 관심거리로 등장한 적이 있었다. 야인은 벼슬을 하지 않는 사람의 의미도 있지만 여기서는 야성을 지닌 사람을 말하는데 야성이란 잔인성, 광란, 무절제를 포함하는 말로서 힘의 논리가 지배하는 무지하고 거친 성향을 말한다. 세상 사람들이 하도 약게 살아가고 있으니 조금은 우직하고 비논리적이고 우악스런 삶이 매력이 될 수 있어 그런지 좋아하는 것 같다. 그렇지만 이러한 의미의 "야인"을 다른 야만스런 말로 표현으로 하면 "짐승 같은 사람"이다.

어느 날 처녀 총각이 어쩔 수 없이 한 방에서 하룻밤을 보내게 되었는데, 처녀가 총각에게 잠자리 들기 전에 방 중앙에 선을 긋고는 총각에게 엄포를 놓았다.

"이 선을 넘어오면 짐승이다."

총각이 순수해서인지 처녀의 말처럼 짐승이 되기 싫어 그랬는지 모르지만 두 청춘 남녀가 하룻밤을 탈 없이 잘 지내고 아침에 일어나서, 처녀가 총각에게 말했다.

"짐승보다 못한 놈."

우리가 사람을 짐승에 비유할 경우에는 대체로 두 가지 의미가 있다. 하나는 "잔인하고 충동적이다."라는 비이성적이라는 의미이고, 다른 하나는 무절제한 성행위를 의미하는 말이다. 인간과 동물과 구별의 기준을 이성理性의 유무라고 보통사람은 생각한다. 이와 같이 이성을 인간과 동물을 구별하는 특징으로 생각해 왔기 때문에 사람은 덜 동물적이고 더 인간적이 되기 위하여 노력하고 또 동물보다는 인간적이기 때문에 다른 동물에 대한 우월 의식을 갖는다. 그리고 성서에 인간에게 지구상의 모든 짐승에 대한 지배권을 부여하고 있는 것을 당연한 것으로 받아들이고 있다. 그래서 "금수禽獸 같은 놈.", "금수보다 못한 놈."이라는 말을 듣는 것을 사람들은 가장 큰 모욕으로 생각한다.

중국 작가 루쉰魯迅의 「개의 힐난」이라는 글에 이런 내용이 있다.

"개 한 마리가 등 뒤에서 짖었다. 나는 거들먹거리며 호통을 쳤다. '이놈! 주둥이 닥쳐! 요 권세에 아부하는 개새끼!'"

개가 히히 웃으며,

'지가 감히, 내가 사람만큼 부끄러우려고?'

보통의 사람들은 짐승을 무시하고 낮추어 보는데 이 분은 사람이 짐승보다 못하다 한다.

어제 대구에서 고의적인 방화로 지하철 화재가 발생하여 백여 명의 사람이 죽었고 수많은 사람이 다쳤다. 화재의 위난 속에서 핸드폰을 이용한 가족과의 마지막 대화가 오늘 아침의 신문에 실렸다.

"엄마 사랑해……."

"아버지, 구해 주세요……. 문이 안 열려요."

"불효 자식을 용서해 주세요."

"오빠, 사랑해."

"어머니, 애기를 부탁합니다."

세상의 끝에서 표현할 수 있는 가장 함축적인 말이기도 하고, 가장 인간적인 말들이다. 다정다감한 사람이 아니더라도 코끝이 시큰한 대화이다. 나는 여러 사람이 있는 곳에서 신문을 보다가 눈물이 핑 돌아 다른 사람이 볼까 봐, 시선 둘 곳을 못 찾아 한참이나 고개를 숙이고 있었다. 자기의 불행을 자기만 감당하기 억울하다고 다른 사람과 같이 죽고자 한 방화자나, 불이 나 있는 역으로 차를 몰고 가도록 방치한 사령실이나, 문이 열리지 않아 승객들이 죽어가고 있는데도 문도 열어주지 않고 자기만 살겠다고 탈출한 기관사나 모두가 이해가 되지 않는다. 방화는 억하심정에서 그랬다 치더라도 승객의 안전을 책임져야 할 사람들의 사고 대처가 어떻게 그럴 수 있는지 참으로 알 수가 없다. 상황판단 능력이나 위기의 대처능력 부족은 제쳐두더라도 책임감이라도 있었더라면 그렇게 큰 희생은 없었을 것으로 생각된다. 화재의 진압에 참여하였던 소방관이 "불이 난 기관차보다 불이 나지 않은 기관차에서 피해가 더 많았다는 것은 불가사의하다."고 말한 것처럼 도저히 상식적으로 이해가 가지 않는 사고다.

자기 사는 것이 어렵다고 죄 없는 사람을 죽게 한 사람의 행동이나, 자신들의 안이한 행동과 상황판단 잘못으로 많은 사람이 죽은 참사에 대한 사죄는 없고 자신들의 면피를 위해 입을 맞추었다는 말을 어떻게 이해해야 할지 모르겠다.

루쉰의 말처럼 개가 웃을 일이다.

노을은 아름답다

지금까지 가끔 만나고 있는 고향친구 여섯 놈이 있다. 사람들이 흔히 하는 계를 만들어 우의를 키워가자고 한 것이 막 군제대를 하거나 군복무 중인 시점이었다. 그러니 햇수로 한 삼십 년은 된 것 같다. 그렇게 오랜 시간을 보낸 친구라면 정말 없으면 못 살아갈 정도로 지내야 할 것인데도, 살기 바빠서 그런지 일 년에 한두 번쯤 만나고 있는 듯 없는 듯 그렇게 지낸다. 어떻게 보면 오래되어 낡고 헐렁한 옷 같은 우정이다. 그러니 어쩌다 만나도 계속 입고 다니던 옷처럼 편하다. 아마 묵은 정이 서로에 대한 믿음으로 작용하여 이심전심으로 서로를 편하게 하는지 모르겠다. 금년 여름에는 우리 부부들 모두 고향의 무인도에서 낚시도 하면서 하룻밤을 보내기로 했다.

우리는 육지의 끝에 있는 친구가 알고 있는 횟집에서 모터 선과 무인도에서 낚시를 할 수 있는 노 젓는 배 2척을 빌려 목적지로 향했다. 모터 선은 스케이트가 얼음 위를 지나가듯이 바다를 미끄러져 갔다. 선수船首가 갈라놓은 바람은 사정없이 얼굴을 때리면서 사납게 우리를 스치고 지나갔다. 팔월의 바닷바람일지라도 빠른 속도에 갈라지는 바람은 시원했다. 친구들과는 달리 나는 바다에 익숙하지 않아 혹시나 물속으로 나가떨어질까 봐 배 난간을 꽉 움켜쥐었다. 오랜만에 도시의 콘크리트 숲에서 벗어나 쾌속선을 타고 바다 위를 질주하니 소년처럼 설렜다. 바다는 배가 지나가자 파도가 되어 해안까지 밀려가 하얀 포말을 일으키며 하늘로 솟는다. 파도의 부서짐은 가슴을 누르고 있는 답답한 근심거리가 부서지는 것 같은 시원함이 있다. 하얗게 솟아오르고 있는 파도의 포말을 구경하면서 나는 오랜만에 시원한 기분을 만끽한다. 기분에 젖어 주변 백사장을 둘러보니 여러 곳에 허연 스티로폼이 아무렇게나 어질러져 있는 것이 눈에 들어와 시원한 기분을 망쳐 놓는다. 스티로폼은 해안에 군데군데 드러누워 있어 좁은 백사장을 누더기로 만들고 있었다. 그러고 보니 바다도 옛날의 푸른 바다가 아니다. 녹색의 먼지 같은 알갱이들이 온 바다에 일부러 섞어놓은 듯이 바다 빛깔을 녹색으로 만들어 놓아 물속에서는 아무것도 살아갈 수 없을 것 같다. 그런 바다를 보니 오염이란 단어가 비수처럼 사고에 날을 세운다. 새만금 간척사업. 나에게는 강 건너 불처럼 아무

의미 없는 단어였다. 어느 날 뉴스에 삼보 일배하다 탈진하여 쓰러진 스님의 기사가 났다. 간척사업은 환경오염의 주범으로 낙인을 찍은 것 같았다. 그 후 세계적으로 유명한 갯벌전문가가 재판의 증인으로 우리나라의 재판정에 섰다. 갯벌은 보존이 당연지사. 그리고 간척사업의 공사중지 가처분 결정. 그러자 환경보존을 은연중에 내포하여 보도하던 언론매체의 그동안의 보도태도는 온데간데없고 법원의 결정은 뭔가 잘못된 판결처럼 보도가 나오는 것이다. 그럴 거라면 처음부터 환경보존보다는 개발의 당위성을 보도하였으면 우리 같은 문외한의 착각은 없었을 것이다. 간척을 하여 농사를 짓는다는 것만 알려지고 왜 간척이 필요한지가 보도되지 않았다. 지금 농촌은 경작을 하지 않으면 보상금을 지급하여 경작을 하지 않도록 권장을 하고 있다. 그러니 문외한에게는 이게 아이러니다. 개발과 보존. 어느 것이 더 중요한가는 판단이 어렵다. 지금 휴가를 가는 이곳은 내가 청년기일 때까지만 하여도 청정해수에 놀러오는 누구 한 사람 없는 그야말로 한적한 전형적인 오지 어촌으로 아름답기 그지없는 곳이었지만, 그때는 어떻게 하면 이곳을 벗어날 수 있을까 하는 생각으로 한 번도 좋다고 느껴보지 못했다. 지금은 오염으로 넓고 넓은 바다의 색깔도 칙칙하게 바뀌고, 바다 주변의 러브호텔, 노래방, 횟집이 자연을 훼손하고 있어도 그림같이 아름답다는 생각이 든다. 그러니 내가 간척사업의 공과를 이야기하는 것 자체가 주제넘은 짓이다. 그렇지만 언론매체의 보도 태도를 보면 아침저녁으로 변하는 간사한 태도에 기분이 별로다. 하기야 조석으로 변하는 것이 언론뿐이겠는가. 해변에서 나뒹굴고 있는 스티로폼 뭉치들도 한때는 바다에서 물속으로 가라앉는 그물이나, 양식패류의 생명줄을 힘 닿는 대로 부여잡고 거센 파도에도 모질게 버텨 어부들의 생활을 책임졌다. 그 역할을 다하고 저렇게 버려져 천덕꾸러기가 된 것이다. 자신을 키워 준 부모를 버리는 사람도 수없이 많은 세상에, 그 탓이야 할 수 있겠는가? 그렇지만 우리도 언젠가는 역할이 끝이 날 것이니, 저 쓰레기가 남의 일만 아닌 듯싶어 가슴이 애잔해진다. 이런 세태에서 삼십 년을 변함없이 같이하는 우정이 그래서 더욱 좋은지 모르겠다.

목적지에 도착하여 친구들은 낚시를 가고 부인들과 낚시에 관심이 없는 나만 섬에 남았다. 나는 초등학교운동회 때 치는 커다란 천막을 치고는 바닥에 드러누웠다. 누운 자리와 바다는 저만치 떨어져 있는데도 가만히 움직이는 파도의 몸짓이 귓속으로 들어온다. 속삭임 같은 파도의 찰랑거림이 꿈속으로 빠져들게 한다. 더도 말고 덜도 말고 이만 한 여유만 가지고 지낼 수 있다면 무슨 걱정이랴. 꿈길을 헤매다 아내의 깨우는 소리에 몸을 일으키니 부지런한 아낙들이 마련한 안주가 주인을 기다리고 있다. 홀로 술잔을 비우고 있으니 해는 하루 내 달려왔던 하늘길을 마감하고 서산으로 뜨거운 몸을 숨긴다. 그렇지만 열기는 아직도 남아 있어 떠난 자리를 아름답게 물들이고 있다.

유득공의 문집 ≪제삼십이화첩題三十二花帖≫에 천하에 지극히 아름다운 네 가지로 초목의 꽃, 공작새나 비취새의 깃털, 저녁 노을, 아름다운 여인이라는 글이 있다. 한적한 바닷가에서 술잔을 기울이면서 노을을 유유자적 보는 모습은 얼마나 아름다운 풍취인가.

노을에 취하고 파도소리에 취하고 분위기에 취하고 술에 취하고 어둠이 내리는 해안은 질펀하게 깊어갔다.

자존심

"찬물 먹고도 이빨을 쑤신다."라는 속어가 있었다. 경제 발전과 함께 사라진 말 중에 하나이지만, 체면을 중하게 여기면서 실속이 없는 사람을 빗대어 하는 말이었다. "자존심은 스스로를 사랑하는 과대평가"라고 스피노자가 말했다. 체면과 자존심. 같은 범주다. 자존심이 정신의 세계라면 체면은 자존심을 지키려는 행동의 형태가 아닐까 하는 생각이다. 우리나라 사람의 체면치레는 유별나다고들 한다. 체면에 손상이 가는 것은 죽기보다 싫다는 말도 있다. 집에서는 기죽어 지내는 남편일지라도 친구나 친지 등이 있는 바깥에서는 나중에 어떻게 될지라도 아내에게 큰소리친다. 그러면 아내는 남편의 체면을 봐서 당시는 참아주지만, 속으로 '집에 가서 보자.'는 식의 응분의 대가를 벼른다.

체면이란 것의 속을 들여다보면 타인의 평가에 부응하기 위한 자신의 처신인 것이다. 이성적으로 판단컨대 남의 눈이 중요할 하등의 이유가 없음에도 불구하고 대부분의 사람이 이 체면 세우는 데 자존심을 결부시킨다. 자존심은 스피노자가 한 말처럼 객관적인 평가가 아니고 자신이 자기에 대한 과대평가이다. 자신이 정한 과대평가의 기준에 맞는 위치를 남이 인정해 주지 않으면 무시를 당한 기분으로 자존심에 상처를 받는다. 그리고 체면을 유지하고자 분에 넘치는 행위도 한다. 대개 자존심의 상처에 대한 대응은 분노로 표시된다. 그래서 분노의 대부분은 자존심에서 비롯된다고 할 수 있다. 불교에서는 하심을 가지라고 한다. 자기를 낮추면 자존심에 상처받을 기회가 적어질 수밖에 없다. 그러니 화를 낼 기회도 적어진다. 사실 자존심이나 체면은 실속과는 거리가 먼 것으로 겉만 반지르르한 것이기도 하다. 그러니 이게 높아서 좋을 것은 하나도 없고 스트레스만 늘 뿐이다. 이걸 모르는 사람은 별로 없다. 그래도 체면이 있는데 하는 식의 행동을 누구나 알면서도 한다.

무엇을 설명하려고 했는지 기억에는 남아 있지는 않지만, 어릴 때 보았던 국가 홍보용 단막극이 생각난다. 고가의 도자기 병에 집어넣은 어린애의 손이 빠지지 않아 온 식구가 모여 애의 손을 빼려고 야단을 하고 있었다. 아무리 해도 손이 빠져나오지 않자 그 값비싼 병을 망치로 깨트려 버렸다. 병을 깨고 꺼낸 아이의 손엔 오백 원짜리 동전이 꽉 쥐어 있었다. 병을 깨자 어른들의 허망한 생각을 뒤로하고 아이는 세상의 모든 것을 얻은 것처럼 동전을 들고 뛰쳐나가는 것이 극의 내용이었다.

며칠째 머리가 지끈거릴 정도로 두통을 동반한 가슴앓이를 하고 있다. 마음을 아프게 하는 한 가지 생각이 머리를 채우고 있다. 그 생각이 가지를 쳐 엉킨 실타래처럼 머리를 무겁게 한다. 생각이란 것이 질량이 있는 것이 아니라서 무게가 나갈 수도 없지만, 헝클어진 생각이 머리를 채우면 머리도 무겁고 목도 경직되어 뻣뻣하다. 또한 무엇이 짓누르고 있는 것처럼 압박도 받는다. 소위 스트레스란 것이다. 다른 생각을 할 겨를도 없다. 어찌 보면 쓸데없는 스팸메일이 메모리 용량을 차지하여 컴퓨터가 제대로 작동하지 못하는 것과 같다. 정상 가동을 위해서는 필요 없는 것들을 제거하는 비우기를 하여야만 한다. 하지만 버리기가 쉽지 않다. 무엇이 이렇게 머리를 어지럽히면서 마음에 상처를 주고 있는지도 모르겠다. 사실 단순한 한 가지의 사건 그 자체로서는 별로 고민할 이유가 되지도 않는다. 하지만 그 사람이 무슨 심보로 그렇게 하였는지, 그리고 그 일로 인해 다른 사람들이 나를 어떻게 볼 것이며, 나의 위치는 어떻게 되는지 등등 생각할 필요도 없는 부분까지 생각의 범위가 확장되는 것이다. 생각이 그렇게 복잡하게 헝클어지는 데는 반드시 이유가 있을 것이다. 그 사건이 문제가 아니라 내 자신이 지니고 있는 사고의 시스템 상에 불필요한 것이 탑재되어 있어 판단을 왜곡시키는 것이다. 판단에 장애가 되는 그 원인을 찾아야만 그것을 버려야 될 것인지 말 것인지를 결정할 수 있는데 그것을 알 수가 없으니 무엇을 비워야 되는지도 모른다. 눈을 감는다. 눈은 자신을 볼 수 있는 기능은 없다. 자기를 보는 데는 눈이 필요가 없으니 마음을 가다듬기 위하여 눈을 감는 편이 좋다. 눈을 감고 침묵 속에서 지금의 통증을 가만히 음미해 본다. 병 속에 들었던 아이의 손같이 꽉 쥐고 있는 오백 원짜리가 무엇인지. 그걸 놓아버리면 바람처럼 살 수 있을 텐데 부질없는 것에 목숨을 걸고 병 속에 자신을 가두고 있으니 마음에 병이 날 수밖에 없는 것이다. 자신이 평생을 전부처럼 여기고 살았던 것을 비록 그것이 오백 원 동전의 가치보다 못하다 할지라도 버리기는 쉽지 않을 것이다. 무엇이 그렇게 며칠 동안 잠을 이룰 수 없게 한 것일까. 내가 그렇게 베풀고 지금이 있기까지 만들어 주었는데 하는 마음과 믿어 왔던 사람에 대한 배신감. 한참을 골똘히 생각해 보니 무엇인가가 보인다. 자존심에 생채기가 난 것이다. 사실 배신이란 것은 생각해보면 내 편에서 생각한 내 감정이지 상대편으로서는 정당한 행위일 것이다. 내 자신이 살아오면서 "내 것이다." 하고 나의 전부같이 보물처럼 여기고 지니고 있었던 것. 나 스스로 인플레시켜 놓은 나에 대한 타인의 평가수준. 자신이 살아가는데 남의 눈이 무슨 의미가 있겠는가. 그 수준에 맞추기 위해 스스로 정한 자신의 행동규범. 그건 오백 원 동전보다 가치가 없을 뿐 아니라 지니고 있어서는 안 될 쓰레기에 지나지 않는다. 그런데 이때까지 그 쓰레기를 보물단지라고 움켜쥐고 있었으니 생각이 제대로 굴러갈 수가 없었던 것이다. 쓰레기를 보고 나니 속을 끓이면서 화를 참아 찾아 온 두통이 사라지고 머리가 가벼워진다. 하지만 그게 알았다고 해서 생각의 시스템에서 간단히 없어지지는 않는다. 사람의 두뇌도 컴퓨터처럼 필요 없는 것이라면 삭제키를 누르기만 하면 간단하게 없어지면 좋을 텐데. 비록 쓰레기라 할지라도 오랫동안 익혀온 행동의 패턴은 그렇게 쉽게 쓰레기로 인식되지는 않을 것이다. 쓰레기를 보물로 여기고 살아온 관성에 따라 죽을 때까지 쓰레기를 보물로 착각하는 왜곡된 판단의 시스템이 어느 정도는 작동하게 될 것 같다.

여행을 준비하며

몇 해 전 겨울. 영락공원 식당에서 북서쪽으로 나 있는 창 밖으로 시선을 던지고 있었다. 언덕 위에 납골당이 있고 그곳으로 올라가는 길이 나 있다. 납골당으로 가는 길섶에 잎을 모두 떨궈내고 알몸으로 추위에 서 있는 회색 목련 목이 화장터의 슬픔만큼이나 아픔을 더해 주고 있다. 그 길로 납골함을 앞세우고 걸어가는 상주들의 삼베옷과 무명옷이 겨울바람에 날린다. 조금 전 "00번 000고인의 유가족은 유골을 습골하시오."라는 안내방송으로 호명된 고인의 유골을 안치하는 유가족의 행렬일 것이다. 그 안내방송이 이승에서 마지막으로 공식적으로 호명되어지는 이름일 것이다. 자기 이름이 불리고 대답을 할 수 있는 날들이 얼마나 될까?

처의 이모부가 그해 말에 돌아가셨다. 참으로 가슴이 따듯한 분이었는데 고희를 넘기지 못하셨다. 어느 곳이나 필요하신 분은 빨리 호출하는지 대개 아까운 사람은 저승으로 빨리 가는 것 같다. 그분의 후덕에도 불구하고 연말이라 그런지 모임이 많아 문상을 제대로 하지 못하여 면피라도 해보자는 작정으로 출상에 동참하였다. 장모께서 사위 생각에 관을 함부로 보는 것이 아니라 하여 화장장에서 밀려나 밖으로 나와 있으니 마땅히 갈 곳도 없어, 영락공원 구내식당에 설치된 자판기에서 커피를 뽑아 마시며 화장이 끝나기를 기다렸다. 식당에서는 유족과 문상 온 사람들이 식사하고 있었다. 식당 가장자리 여러 곳에 화장의 진행사항을 알리는 대형 스크린이 설치되어 있었다. 스크린에는 화장되는 곳의 번호와 고인의 이름이 나타나고 그 옆에 화장 진행상황이 동그랗게 표시되어 있다. 동그라미가 붉은색은 화장이 진행 중이고, 푸른색은 화장이 종료가 되었으니 습골을 준비하라는 표시이다.

창밖으로 보이는 행렬은 평생을 지탱해 온 육신을 태운 한 줌의 재를 납골당에 안치하고자 가는 유가족들인 것이다. 사람이 태어나 죽는 것은 누구나 알고 있지만, 자신은 영생을 할 것 같은 기분으로 살아가는 것이 보통 사람들의 생각이다.

어느 책에서 본 다람쥐 쳇바퀴 돌리는 이유가 생각이 난다. 처음에는 "자유"를 위하여서고, 두 번째는 "생존"을 위하여서고, 세 번째가 "자신의 존재를 확인" 하고자 하는 것으로 되어 있었다. 아침에 일어나 세수하고 출근하고, 퇴근하여 잠자리에 들고 하는 반복되는 하루 생활의 트랙이나 다람쥐가 쳇바퀴 돌리는 것이나 그게 그것이다. 다람쥐는 쳇바퀴를 돌리는 이유나 있지만, 나는 이유도 없이 살고 있는 것이란 생각이 든다. 영락공원 식당 창밖으로 보이는 저 행렬이 다람쥐 쳇바퀴 돌 듯이 돌아온 인생 트랙의 끝을 보여주는 것이다.

어느 날인가 가깝게 지내던 직장동료와 창밖을 내다보면서 얘기를 나누는 중에 이런 말을 했다. 자기가 고교 시절에 죽음에 대한 해답을 얻을 수 없어 스님도 만나보고 목사님도 만나보았지만 답을 듣지 못하였으며, 지금껏 해답을 찾지 못했다고 하면서 불쑥 내게 물었다.

"어떻게 죽어야 잘 죽을 수 있을까?"

그때 내가 무심결에 한 대답이다.

"죽음도 여행이라 생각한다면, 짐이 적으면 될 것 아닌가."

내가 지금껏 살아오면서 받았던 많은 질문에 그때 그 말처럼 적합한 대답을 한 적이 없는 것 같다. 그렇다면 나는 여행에 대한 준비를 하고 있을까? 짐을 버리기보다는 짐을 늘리기 위하여 많은 고민을 하고 노력해 온 것이 지금껏 살아온 내 인생의 역정이다. 그렇다고 앞으로 버릴 수 있는 마음의 자세가 되어 있지도 않다. 솔직히 내 평생 짐을 버릴 수 있는 여유를 가지지 못할 것 같다.

≪사랑할 때 떠나라≫배낭 여행기가 있다. 은행원이었던 최

오균 씨가 불치병인 루프스 병에 걸린 아내를 위하여 “저 사람들 미쳤나 봐.”, “사람 하나 잡으려고 가느냐?”하는 말을 들으면서 유서를 쓰고 떠난 여행기이다. 목숨을 버리겠다는 심정으로 떠난 여행일지다. 버린다는 것은 보통 사람의 가치기준으로 욕을 들을 대상이지만, 여행은 버릴 수 있어야 쉽게 떠날 수 있다.

여행을 떠나기 위하여 최오균 씨는 유서를 남겼다는데 나는 무슨 말을 남길 수 있을까?

지금부터라도 남길 말을 준비해야겠다.

만종

아침에 해가 뜨기 전과 저녁에 해가 막 질 때 자연은 호흡을 멈춘다. 자연의 숨결인 바람이 멈추면, 땅에 뿌리를 내리고 있는 모든 식물들이 흔들어대던 몸을 바로 세워 하늘에 하루 일과에 대한 엄숙한 보고와 감사의 묵념을 올린다. 어릴 때 가끔 마을 뒷산 언덕배기에서 이 숭고한 자연의 기도를 보기도 했다.

산골은 봄에서 여름 사이의 일출이 참으로 고요한 장관이다. 밤사이 하늘이 땅으로 내려와 땅과 밀어를 나누는지, 구름이 아침까지도 하늘로 오르지 못하고 산허리에 남아 산골짜기 골짜기를 덮고 있는 것이다. 그러다 해가 뜨면 구름은 원래의 자리로 되돌아간다. 새들도 창공을 마음껏 날아간다. 농부들도 들판에 나와 뜨거운 햇빛 아래 그림자를 안고 대지에 엎드린다. 사람의 땀으로 비옥해지는 대지를 적시기 위해서이다. 그 땀의 대가로 대지는 우리에게 일용할 양식을 주는 것이다.

해가 막 지고 노을이 덮고 있는 빈 들판. 부부는 하루의 고된 일을 마감하고 이제 집으로 가기 위하여 남은 씨감자와 농기구를 챙긴다. 멀리서 교회의 종소리가 은은히 들판을 적신다. 남자는 들고 있던 쇠스랑을 땅에 놓고 하룻동안 햇살을 막아주던 모자를 벗고 손을 조용히 모으고, 여자는 남은 씨감자 챙기는 일을 그치고 손과 발을 가지런히 모아 고개를 숙여 감사의 기도를 올린다.

노동에 대한 감사의 기도. 노동할 수 있는 건강이 있어 감사하고 그 노동을 통하여 충실하고 성실한 삶 속에 보람과 가치를 느끼게 해 준 신에 대한 감사의 기도. 미술 평론가인 반다아크는 밀레의 〈만종〉을 가리켜 "사랑과 노동을 그린 인생의 성화"라고 했다. 그 그림을 보면 기도를 올리는 농부 부부의 표정은 노동에 대한 감사의 기도라고 하기엔 너무 절실하고 간절하여 절망적이기도 하다. 노동할 수 있다는 것만으로 감사의 기도를 올리는 순박한 신앙심 깊은 기도는 참으로 아름답다. 그렇지만 노동의 결실이 굶주림도 해결할 수 없는 가난으로 바구니를 채운다면 그 기도의 의미는 무엇일까?

사실인지는 모르지만, 당시의 농부는 굶주림을 참고 감자를 심으며 감자가 자라기만 기다렸고 그들의 아기들은 굶주림을 참지 못하여 죽기도 했다고 한다. 그림 속의 기도는 죽은 아기에 대한 슬픔이 서려 있을지도 모른다. 그래서 더 절실한 기도였을 것이다.

군을 막 제대하고 잠시 농사지은 적이 있다. 가을에 수확한 벼를 매상할 때의 심정이란 참으로 허탈했다. 흘린 땀의 대가로는 너무 초라했기 때문이다. 제법 오랜 시간이 지났지만 그 일이 잊히지 않는다. 그때나 지금이나 이 땅을 가꾸는 순박한 농부들은 가난하기는 마찬가지다. 최근 농부들이 땅을 가꾸지 않고 땅을 가꾸는 도구를 들고 도시로 나섰다. 자유무역협정(FTA) 반대가 그 이유이다. 그 시위의 투박한 완력에도 비난보다는 아픔이 다가온다. 농촌이 가난하지 않아야 된다는 것을 알고 있기 때문이다. 하지만 이 좁은 땅의 빈곤한 자원은 무역에 의존하지 않고는 지탱이 어렵다. 무역이란 상대적으로 비교우위에 있는 것을 생산하여 다른 나라에 내다팔고 열위에 있는 것을 우리가 사들이는 것이다. 농사는 땅의 크기와 비옥도로 수확이 결정된다. 우리의 좁은 박토에서 자란 작물은 가격 면에서 끝이 보이지 않고 넓고 비옥한 대륙의 땅에서 자란 작물과 비교하여 열세에 놓일 수밖에 없다. "우리 것은 좋은 것이여!"하고 암만 외쳐도 돈 앞에는 별수 없다. 그러니 우리 반만 년의 역사에서 항상 자리잡아온 "농자천하지대본農者天下之大本"이란 말이 사라질 위기에 처해 있는 것이다. 처음부터 가난한 이 땅의 농사꾼이지만, 이제는 그 자존심마저 버려야 하고 천덕꾸러기로 전락하게 되는 것이다.

내가 어릴 때 농촌 부모님들의 유일한 희망은 자식을 공부시켜 도시에서 정착하게 하는 것이었다. 지금도 이 땅을 가꾸는 농사는 가난과 한숨만 생산한다. 그래서 농부는 자식만이라도 도시에 정착하는 것을 유일한 희망으로 삼고 농사일을 숙명으로 받아들이거나 스스로 농촌을 떠난다. 그래서 요즘 농촌에는 노인들만 계신다. 이 땅은 젊은 땀을 필요로 하는데, 젊은 사람이 떠난 이 땅은 슬프다.

그래도 이 땅을 사랑하는 누군가가 비록 가난을 면치 못할지라도 땅에 땀을 뿌릴 것이고, 노을이 덮고 있는 들판에서 하루의 노동에 가슴 저미는 보람으로 감사의 기도를 올리며 가난한 수확을 수레에 싣고 귀가할 것이다.

밀레의 만종은 가난한 농부의 기도이기에 성화로 존재하는 것이다.

경청

아파트 골프클럽에서 단체로 나들이 겸하여 운동을 나갔다. 운동을 마친 후 생맥주가 곁들여진 점심식사를 했다. 우리 팀의 바로 앞에서 경기를 했던 중년부인 팀도 옆에서 식사하고 있었다. 그분들의 경기력으로 보아 아마추어로서는 상당한 실력을 지니고 있는 것으로 짐작이 되었다. 그 팀의 한 아주머니께서 맥주를 따르면서 2버디, 1버디라 칭하면서 '버디'를 많이 잡은 순서로 잔을 채우고 있었다. '1버디' '2버디'라고 하는 말을 곁에서 처음 들을 때 감이 얼른 오지 않아 민망하게 들렸다. '버디'만 떼어 따로 말하면 이상하게 들리지 않는데 '버디'앞에 아라비아 숫자 '1'과 '2'를 붙여 발음할 때는 애매하게 전달이 된다. '버'의 'ㅓ'가 'ㅗ'에 접근하고, '디'의 'ㄷ'이 'ㅈ'의 근처에서 들리는 것이다.

가갸거겨
고교구규
그기가

라랴러려
로료루류
르리라

한하운 시인의 〈개구리〉라는 제목의 시다. 개구리 울음이야 일반적인 상용어로 표현하면 '개굴개굴'이다. 하지만 시인의 귀에는 어린애들의 글 읽는 소리로 들린 것이다. 시인의 탁월한 청감에 절로 감탄이 나온다.

우리나라의 닭 울음에 대한 표기는 '꼬끼오'이다. 반면 일본에서는 '코케콕코오'이고, 영국에선 '코카도오도울두우', 독일에선 '키케리키이', 프랑스에서는 '코코리코'이다. 나라마다 말이 다르듯이 닭의 울음소리 표현도 다르다.

'경청'이란 말은 삼성의 창업자인 고 이병철 회장이 아들 건희 회장에게 평생을 가슴에 새기어 두라고 했을 정도로 중요하게 여겼던 모양이다. 앞에 언급한 것은 소리만 듣는 것인데도 사람따라 달리 듣고 있는 것이다. 경청이란 소리를 잘 듣는 것에 더 보태어 의미를 잘 이해하여 전달자의 의중을 정확히 파악할 수 있어야 하는 것이다. 잘 듣는다는 것은 보통 별것 아니라고 인식되고 있지만, 정말 쉽지 않다는 것을 요즘에 와서야 비로소 알게 되었다.

아프리카에서 맨발로 다니는 사람들의 발바닥은 정말 겁나는 것이 없어 보인다. 불 위를 걸어도, 가시밭길을 걸어도 발바닥은 멀쩡하다. 그 오랜 세월 혹독한 시련으로 굳은살이 박혀 발바닥이 마치 돌처럼 단단하게 되어 웬만한 것은 피부에 상처를 입히지 못하는 것이다. 사람의 몸은 단련이라는 자신의 노력으로 기능이 강화되지만 '귀'는 가만히 있어도 단련이 되는 것이 아닌가 싶다. 신체의 다른 부위는 자신의 의지에 의하여 본래의 기능을 할 수 있지만, 귀는 본인의 의사와 관계없이 단소리 쓴소리 구분 없이 들어온다. 오랜 세월을 그렇게 외부에 노출되어 마구 듣다 보면 아프리카 인들의 맨발바닥만큼이나 절로 굳은살이 박혀 소리도 잘 들리지도 않고 의미도 잘 다가오지 않을 것이다. 그래서 남의 말을 듣기보다는 굳은살 안쪽에 있는, 한창 소리가 잘 들렸던 시절에 듣고 저장되어진 소리들의 의미에 한정하여 이해하려고 하니 귓속에 축적된 의미 밖의 내용에는 거부감이 먼저 생기는 것 같다. 남의 말을 많이 들었고 아는 것이 많다고 자부한다면 귀에 굳은살이 더 박혀 남의 말을 듣는 것이 정말 어려울 것 아닌가 싶어진다.

팔자에 없는 아파트 동 대표가 되었다. 동 대표의 활동이란 것이 친목모임 정도로 인식했던 내 사고의 범위를 초월하여 다양하고 어려운 일들에 부딪혔다. 가장 어려운 것은 동 대표회의에서의 의견 조율이 아닌가 싶다. 공통점이 없는 사람들의 모임에서 의견의 조율이란 정말로 난제였다. 동 대표의 대부분이 사회의 다양한 분야에서 활동하다 은퇴하였거나 그 끝에 서 있는 사람들이다. 그리고 나름으로 자신의 분야에서 한 가락 하였거나 하고 있는 분들이니 남의 말을 듣는 것에 참으로 인색하다. 그러니 별 중요한 것도 아닌 것 같은 안건으로 장시간의 밑도 끝도 없는 토론이 이어진다. 타산지석이라 내 귀도 살아온 세월만큼이나 제법 단련이 되어 굳은살이 아마 많이도 올라 있을 터이니 다른 사람들의 말이 잘 들리지 않을 것이란 짐작이 간다. 귓속의 굳은살 때문에 소리도 잘 안 들리니 남의 말귀를 잘 알아듣는 것이 쉽지만은 않을 것이니 남에게 미움을 받지 않고 어울리려면 말이라도 잘 들어야 할 것 같은 걱정이 앞선다. 남의 말을 잘 듣는 훈련이랍시고 요즘은 마누라 말부터 열심히 듣고 있다. 그래봐야 먹은 귀가 뚫릴 수 있을는지는 의문지만 마누라에게 아부라도 되니 다행이다.

귀거래사

귀거래사歸去來辭.

도연명이 팽택彭澤의 현령縣令으로 있을 때 관찰관인 독우督郵가 내려오니 의관을 갖추고 맞이해야 한다는 말에 밸이 뒤틀려서 "내 어찌 닷 말의 곡식 때문에 시골의 어린놈에게 허리를 굽힐 수 있겠는가(吾安能爲五豆米折腰 向鄕里小兒耶)?" 하고는 인끈을 내던지고 관직에서 물러나면서 읊은 시이다. 한마디로 관직을 떠나는 변辯이다. 그리고는 지금의 강서성江西省 구강현九江縣인 심양의 채상採桑으로 돌아와서는 바람과 햇빛도 제대로 막고 가릴 수 없는 좁고 쓸쓸한(環堵蕭然 不蔽風日) 귀원전거歸園田居를 지어 채국동리하彩菊東籬下 유연견남산悠然見南山하는 안빈낙도를 즐겼다. 그때나 지금이나 마찬가지이지만, 알량한 자존심 때문에 좋은 직장을 때려치우고 귀향하여 끼니도 제대로 해결할 수 없을 정도로 궁핍하게 사는 것이 좋게 보이지는 않았을 터이니 변이 필요할 것 같은 생각이 든다. 그렇지만 그는 학문과 시詩에 있어서 타의 추종을 불허하였을 뿐 아니라 도道에도 일가견이 있었으니 감히 누가 그의 처사에 이의를 달 수 있겠는가. 만약, 아무것도 지닌 것이 없는 사람이 분수도 모르고 기분만으로 직장에 사표를 내고 궁상을 떨었다면 두고두고 욕을 바가지로 들었을 것이다.

오래전, 나에게도 객기 넘치고 분수도 몰랐던 청년기가 있었다. 청운의 꿈을 가슴에 품고 서울로 나설 욕심을 가졌다. 그해 겨울, 서울의 찬바람은 부산 인근에만 살아왔던 젊은이에게는 너무 추웠다. 새벽 밤하늘에 별을 보고 출근하고 밤이 이슥하여 별을 보고 퇴근하는 서울의 생활을 구경했다. 아! 서울이 이런 곳이구나. 그때서야 나 자신이 보이는 것이었다.

자의 반 타의 반이란 말이 맞는지 모르지만, 지금까지 쭉 부산에서 살았던 사람이 진주로 발령받아 근무지를 옮긴 지 두 달이 되어간다. 이미 예견된 이동인데 본인이 조금만 관심을 가졌어도 부산에서 생활이 가능하였을 것이고 그렇게 하라는 주변 사람들의 말부조도 많았다. 하지만 나 자신이 그런 일을 하지 않겠다는 생각을 그때 서울에서 살지 않기로 마음 굳혔을 때 작정을 하였으니, 남의 일처럼 무덤덤하니 별 수 있으랴.

학교에서 제공한 숙소인 게스트 하우스는 망진산(혹은 망경

산)의 끝자락에 붙어 있었다. 숙소에서 나서면 바로 산이다. 망진산은 진주를 관망할 수 있어서 붙여졌는지는 모르지만, 숙소에서 시작된 산은 나지막하였고 산의 정상은 남강 변을 따라 강둑처럼 서 있었다. 그 산에서 보면 진주와 남강의 경관이 한눈에 들어온다. 산 아래 강둑 따라 진주시가로 이어지는 길을 지나갈 때면 매번 저곳에 올라 진주시를 내려다봐야 되겠다고 작정했다.

처음 여기에 와서 아침에 일어나 어둠을 헤치고 숙소 앞산에 올랐다. 가뭄 끝이라 습기 없는 땅은 딱딱하게 말라 있어 땅의 갈증이 무릎까지 그대로 전달되었다. 길섶의 풀은 누렇게 탈색되어 있었고 낙엽수의 건조한 가지는 삭정이가 되어 있었다.

봄비가 내리더니 굳어 있는 땅이 습기를 머금고 부풀어오르자 갇혀 있던 땅의 냄새가 부풀어 오른 땅의 피부 틈새로 터져나오기 시작하는 것이다. 그러자 푸새나 나무들도 퍼져나오는 땅 냄새를 맡고는 하루가 다르게 줄기와 가지에 생기를 불어넣어 연두색 물감을 풀어 온 산을 푹내로 가득 채우는 것이었다.

아침 5시 반경에 일어나 간단한 체조로 몸을 풀고 산에 들어서면 그동안 그렇게 늑장을 부리던 해도 초입에서부터 이미 등허리를 올라탄다. 숙소에서 산허리를 돌아 산을 한 바퀴 돌아오는 4킬로 거리다. 오를 때는 해를 등에 지고 오르고 내려올 때는 아침 해를 바라보면서 내려온다. 푹내가 진동하고 연두색으로 살아 꿈틀대는 부산한 산속을 휘적휘적 걷노라면 숲의 생기가 내 몸에도 전이되어 삭정이 같은 건조한 몸도 제법 물기를 머금어 활력을 되찾는다. 산허리를 돌아 내려서는 길에 들어서면 오른편으로 탱자 울이 있고 맞은편으로 대나무 숲이 있다. 아침 해를 받아 연두색으로 밝게 빛나는 탱자나무 위로 튀밥 같은 하얀 꽃잎들이 올려져 있다. 아무도 받아들이지 않을 것처럼 긴 가시로 무장한 나무에도 저런 가녀린 청초한 꽃잎이 맺힌다는 게 경이롭다. 탱자울타리 건너편에는 아침 해를 받아 바람에 흔들리면서 연초록으로 빛나는 대나무 숲에서 초록의 생기가 음악처럼 하늘로 울려퍼진다. 그 위로 황새가 큰 날개를 펴고 유유히 날고 있다. 어느 무녀의 춤사위가 저보다 고울까. 그 광경에 세상 살면서 "이런 행복도 주어지는구나!"하는 감사가 절로 난다. 범사에 감사하라는 말이 있듯이 여기에 와서 느끼는 것은 참 복도 많다는 생각이다. 어떻게 여기까지 와서 이런 호사를 누리는지. 감사의 마음이 생기니 세상사 모두가 좋아만 보인다. 처음 이곳으로 올 때 생각이 난다. 자의 반이 작용했지만, 막상 부임지로 차를 타고 올 때는 설렘보다는 걱정이 앞섰다. 그러면서 생각난 것이 〈귀거래사〉라는 시였다. 그 상황에는 아무 연관이 없는 그 시가 왜 절실하게 다가오던지. 아마도 낯선 사람과의 대면, 숙소 문제 등으로 객지의 생활에 대한 두려움과 쫓겨간다는 생각이 들어서일 것 같다. 그래서 그런지 100킬로 남짓한 거리가 천릿길이다. 부탁이라도 해 볼 걸 후회가 막급이었다. 진주는 오랜 역사를 품고 있어서 특유의 향기가 짙다. 자신들의 익숙한 삶의 방식에 대한 보존본능과 아울러 우월성의 발로로 바깥사람에게 텃세란 것이 작용하는 것이다. 진주는 역시 고도였다. 짧은 기간이지만 고도가 지닌 향기는 진했다. 전통, 문화, 예술이 눈에 들어오고 경상도에도 이런 멋을 가진 도시가 있어 선비의 맥이 이어졌구나 싶다. 그리고 사람들에겐 얄팍한 선심보다는 듬직한 인정이 흐르고 행동에 여유가 있었다. 종종걸음으로 살아온 나에게 걸음걸이의 여유로움이 경이다. 같은 경상도 사람도 들어 보지 않은 말로 정겨운 “그렇나 예!”가 있다. 긍정도 부정도 아닌 것 같기도 하고 애매모호하게 내게는 들린다. 진주의 대표적 사투리인 “에나”와 비슷한 의미 같지만, 아직도 정확한 의미는 알지 못한다. 촌놈인 나는 도시의 속도가 어렵다. 그런 나는 이곳에서 고향의 냄새에 젖는다. 그래서 아내의 고향이기도 한 이곳에 정착을 꿈꾸어 본다. 직장을 떠날 날이 멀지 않기에 귀향을 염두에 두고 있는 때인지라 생각해볼 수밖에 없다. 비와 바람이나 막고 햇빛이나 가릴 수 있으면 족한 귀원전거歸園田居를 생각하면서 인근 산청에 땅을 알아보기도 한다. 도인의 자세는 안 되겠지만, 지족知足하면서 상락常樂이나 하는 여유로운 삶을 꿈꾸며 행복에 젖는다.

귀소본능 때문인지 모르지만, 돌아간다는 것은 기분이 좋다. 금요일 오후, 귀가하는 날은 기분이 절로 흥겹다. 귀가 준비에 들떠 설치는데 전화가 온다. 부산으로 복귀하라는 명령이다. 아! 아쉬움과 감사한 마음이 겹친다. 여기서 이제 막 시작한 정은 어떡하지. 귀원전거의 꿈은 접어야만 되나. 종종걸음으로 살아갈 업이 아직도 남아 있나 보다. 촌놈은 촌놈으로 살아야 제격인데……. 아쉬운 마음은 접어 두고 들뜬 마음으로 짐을 챙긴다. 그래도 가는 길보다는 돌아오는 길이 가깝다. 액셀러레이터를 밟지 않는데도 차가 절로 나간다. 갈 때 천릿길 올 때 백릿길.

달리면서 귀가歸家가 아닌 귀향歸鄕의 길을 물어 본다.

낙엽이 가는 길

오랜만에 집 근처 부산의 명소 이기대에 오른다. 아파트를 벗어나면 바로 산에 오르는 길이 있다. 아스팔트로 포장된 대로를 두고 굳이 샛길로 들어선다. 도시의 그늘을 조금이나마 벗어나고 싶은 마음으로 산에 든다. 아스팔트 위를 걸어가는 것이 내키지 않았기 때문이다. 산 발치를 따라 나 있는 좁은 길을 가다 보면 오르막으로 들어선다. 10여 분을 걸으면 산등성에 오를 수 있지만, 연식 오래된 엔진은 그마저 감당하기가 힘겨운지 쌕쌕거리며 가쁜 숨을 몰아쉰다. 헐떡이는 어깨 위로 낙엽이 가끔 내린다. 엊그제만도 막 붉게 물든 단풍이 햇빛에 번들거리고 있었다. 그 잎사귀를 볼 때만 하여도 익어 가는 감처럼 중년의 중후한 기백이 보였는데 소리 없이 올라서는 시간의 무게를 감당할 수 없어서인지 어느덧 탄력 잃은 피부로 몸통에서 떨어져내리고 있다. 흙은 떨어지는 낙엽을 살며시 보듬는다. 흙에 안긴 낙엽은 다시 숲으로 돌아갈 것이다. 등성이에 올라서니 바람이 스치면서 내 등을 타고내리는 땀을 식히고 다시 시멘트 포장 신작로를 따라 쏴하고 지나간다. 신작로를 지나가는 바람은 낙엽을 스르르 몰고 간다. 흙에 안기지 못한 낙엽이 바람에 휩쓸려 다니는 것이 구천을 헤매는 혼백처럼 스산하다. 떨어지는 낙엽을 밟으며 산등성이를 따라 약수터로 난 등산로를 따라가니 쪽빛바다가 가슴에 확 안긴다. 좁은 가슴에 담겨 있는 도시의 소음을 털어내고 바닷바람으로 가슴을 채우기 위하여 심호흡을 연방 해본다. 수평선을 따라 아득히 보이는 넓은 바다는 산의 발치에서 파도로 다가와 포말로 하얗게 부서진다. 바위는 억겁 없이 부딪치는 파도에 각질이 벗겨져 세월의 흔적을 고스란히 표피에 드러내고 있다.

아파트의 우리 집을 나서면 제일 먼저 마주치는 것이 앞집 현관문이다. 닫힌 앞집 문을 보고 있으면 침묵의 벽으로 다가오면서 암담해진다. 혹시라도 닫힌 문이 열릴까 봐 서둘러 엘리베이터 버튼을 누른다. 침묵의 벽 넘어 누군가를 만난다는 것이 왠지 두렵기 때문이다. 할 말을 잃어버린 만남은 얼마나 쑥스러운가.

며칠 전 아침이었다. 출근을 하다 보니 이삿짐센터의 차가 아파트 출입문 앞에 서 있었다. 아파트에서는 이사를 오고 가는 것이 하도 흔한 일이라, 오늘도 누군가 이사를 가나 보다 하고 대수롭지 않게 생각했다. 그날 퇴근하니 아내가 혼잣말로 중얼댄다.

"아무리 생각해도 이상해! 왜 여자 짐만 나갔지."

그러면서 얘기를 한다. 아침에 이삿짐센터에서 앞집의 짐을 내가는데 이사를 가는 것이 아니고 부인의 짐만 나갔다는 것이다. 그리고 부인의 짐이 나가고 나서야 아저씨가 출근을 하셨다는 것이다. 아내는 계속 중얼거린다. "남자가 손해일 것인데……." 아마 그 말 속에는 당신도 처신 잘하라는 노란색의 경고와 함께 안타까움이 한숨처럼 흘러나온다.

가슴 한편이 텅 비는 것처럼 허전해진다. '그 나이에 쉽지만은 않을 것인데.' 속으로 중얼거린다. 앞집과 우리는 같은 시기에 이사를 왔다. 아저씨의 나이는 나보다 다소 위이지만, 부인은 우리 집사람과 같았다. 그래서 앞집 부부와 우리는 같이하는 시간을 더러 가졌다. 그때마다 애정을 과시하곤 했는데. 사랑과 미움의 갈림길이 어딘지. 그토록 자랑했던 부부 금슬이 아니었던가. 이웃의 질시도 아랑곳하지 않으면서 둘만의 감정을 숨기지 않고 보여주지 않았던가.

그런데 왜?

찾을 수 없는 해답이 가슴에 돌을 올려놓는다. 부부는 일심동체라고 누군가가 말했다. 일심동체는 세월만이 갈라놓을 수 있는데. 요즘은 그 말도 맞지 않는 것 같다. 남편과 아내는 각자의 소모품 정도로 자리를 차지하고 있는지. 이유 같지 않은 이유로 툭 하면 갈라서고 있다.

동고동락한 적지 않은 세월. 미움도 사랑도 함께한 많은 순간들. 그 순간들 사이에 지금은 미움이 더 많아 헤어질 때. 사랑보다는 미움이 자리한 지금. 아내는 짐을 싼다. 당신의 짐만 가져가면 되지 혹시나 내 것까지 가져갈까 하는 남편의 감시 아래서. 남편의 감시 아래서 짐을 싸야 하는 아내의 마음은 얼마나 비참할 것인가. 아내의 짐을 감시의 눈길로 바라보아야 하는 남편의 마음 또한 얼마나 처참할 것인가. 저녁기도를 위해 아내가 나간 빈방에 혼자 있다. 텔레비전의 채널을 여러 곳에 맞춰보지만 혼자 있는 공허한 마음을 채울 수는 없다. 홀로 잠자리에 누워 있으니 앞집 아저씨의 아픔과 함께 "남자가 더 손핸데."라던 아내의 말이 귓속을 파고든다.

약수터에서 물 한 잔을 마시고는 돌아선다. 돌아오는 길에서도 파도는 세월의 자국을 남기고자 끊임없이 바위에 부딪고 있고, 바람은 아직도 낙엽을 몰고 다닌다. 시멘트로 포장된 길은 흙과는 다르다는 오만함을 과시라도 하듯이 낙엽 하나 끌어안지 않고 딱딱하게 굳어 있다. 안아주고 보듬어주는 부부. 그 부부도 헤어지면 안길 곳 없어 바람에 밀려다니는 낙엽처럼 되지 않을까. 산등성을 내려오는 길. 숲에서는 낙엽이 시나브로 떨어져 내린다. 땅은 나무가 버린 잎을 아무 말 없이 받아들인다.

그리고 받아들인 잎을 언젠가 다시 숲으로 내보낼 것이다. 부부도 세월의 무게가 갈라놓을 때까지는 끌어안고 보듬고 살다가 흙으로 돌아가는 낙엽이 다시 숲으로 돌아가듯 인연이 닿아 다시 만난다면 얼마나 좋을까. 그때는 좀더 잘할 수 있을 것인데. 무엇이 그리 바빠서 미리들 헤어지는지. 그래 봐야 별 사람도 없을 것인데.

남기는 것은

죽음에 대한 의미 부여는 삶의 가치와도 연결이 된다. 그래서 가끔은 어떻게 죽을 것인가에 대하여 생각해 보기도 한다. 어릴 때, 초등학교 교과서에도 수록될 정도로 강조되었고 사회적으로도 당연한 것으로 인정되었던 것이 있었다. '굵고 짧게'이다. 전후라 국가를 위하여 충성이 요구되는 시기였기 때문이란 생각이 든다. 국가에 대한 충성으로 목숨을 초개같이 버릴 수 있는 자세를 가질 수 있는 교육이었던 셈이다. 그리고 사내대장부라면 그렇게 살아야 된다고 여겼다. 그 금쪽같은 인생의 가치관인 '굵고 짧게'가 지금은 '가늘고 길게'로 변했다. 그렇게 변한 가장 큰 이유가 우리나라 국민의 평균 수명이 길어졌기 때문이라 여겨진다. 그리고 IMF란 어려운 경제 여건에서 정년과는 관계없이 명퇴란 이름으로 평생을 다닐 것으로 믿었던 직장에서 쫓겨나는 사회적 현상에서 비롯된 것이라고 추측도 해본다.

술을 즐기는 편이다. 술을 잘 마시는 것은 여러 가지 이유가 있지만, 내게는 선천성이 있을 성싶다. 나는 평생 담배를 피우지 않았다. 어릴 때 우리 집이 담뱃집이었다. 그런데도 담배를 피우지 않은 것을 보면 체질에 맞지 않았기 때문일 것이다. 중학교 3학년 때인가 친구들이 피우기에 딱 한 번 피워 보고는 영 피우지 않았다. 하지만 술은 그냥 마셨다. 선친께서 애주가였고 형님 두 분도 술을 좋아했다. 가끔 술주정하는 것도 보았다. 그래서 술을 안 마셔야 되는데 하는 다짐도 해보았지만, 피는 못 속인다고 술을 끊을 수가 없어 술주정만 하지 않기로 마음을 바꾸었다. 술을 마시다 보니 술에 취해 밤늦게 비틀거리면서 거리를 다니는 경우가 있다. 술에 취하여 비틀거리기는 하지만, 길을 가는 나름대로의 원칙은 있다. 길을 횡단할 때는 반드시 육교나 지하도를 이용하고 그게 없다면 횡단보도를 이용하는데 남보다 늦게 출발하는 것이다. 차라리 술을 마시지 말지 별짓을 다 한다고 생각을 할 수도 있지만, 술에 취해서 사고로 비명횡사하는 것은 자신의 명예나 가족에게 못할 일 같아서이다.

내 고향의 면단위 행정구역은 반도이다. 우리 집은 반도의 꼭대기에 위치하여 산골이지만, 아래쪽 태반은 바다로 둘러싸여 있다. 그래서 어릴 때 친구들 중에는 어부의 자손들도 있었다. 그들과 어울리다 보면 바다의 생태를 어느 정도는 짐작할 수 있었다. 지금이야 교통 발달로 생선을 잡아도 살아 있는 싱싱한 것을 그대로 소비자에게 전달이 될 수 있지만, 내 어릴 때만 하여도 그것이 잘 되지 않았다. 할 수 있는 것이라곤 소금을 진창으로 뿌려 부패를 방지하는 정도이지 신선도를 유지할 수 있는 장치는 아무것도 없었다. 요즘은 내륙에도 흔하고 흔한 것이 횟집이지만, 그게 그렇게 오래되지는 않았다. 수족관이 개발되고부터 내륙에도 횟집이 생긴 것이다. 그래서인지 어부의 후손인 내 친구들은 생활이 윤택하지는 않았던 것 같다. 하지만 같이 뛰놀기는 그만이었다. 바다라는 넓고 넓은 공터가 있고 그 속에 먹을거리가 진창으로 있었기 때문이다. 그들과 어울리면서 같은 날에 제사를 모시는 것을 볼 수 있었다. 처음엔 이상한 생각이 들기도 하고 여러 집이 같은 날에 왜 제사가 있는지가 궁금하기도 했다. 사연인즉 고기 잡으러 나갔다가 풍랑을 만나 배가 전복되어 모두가 돌아오지 못하였다고 한다. 그래서 가끔 같은 날 제사가 들어 있다고 했다. 사실 바닷가에서는 종종 있는 일이라고 한다. 생업을 위하여 이렇게 가는 것은 그래도 명분이라도 있어 그렇게 억울하지는 않을 것이다. 하지만 술에 취해 길가다 교통사고로 생을 마감한다면 얼마나 억울할 것인가. 게다가 뺑소니 사고라면…….

며칠 전에 법정스님께서 이승을 떠나셨다. 한평생을 무소유로 살다 가신 것이다. 스님이 남기고 가신 무소유가 뭔지 모르지만 우리가 아무리 퍼 담아도 줄어들지 않으니 많이도 남기고 떠나신 것이다. 스님께서 가시는 길을 보면서 떠나는 길이 어떠해야 되는지 가늠이 된다. 전에는 비명횡사만 면하려는 걱정만 하였는데 남아 있는 사람들이 나누어 가질 수 있는 뭔가는 남겨 놓아야 할 것이라는 걱정거리가 하나 더 늘었다.

돌담집이 그립다

강원도 속초시에는 영랑호가 있다.

신라 화랑 영랑 일행이 무술대회에 가기 위하여 이 호수를 지나가던 중 그 아름다움에 반하여 무술대회에 가는 것을 잊어버렸다 하여 붙여진 이름이다.

몇 해 전 겨울. 화랑의 전설이 있는 아름다운 영랑호에 또 다른 새로운 슬픈 전설이 시작되었다. 빚에 쫓기던 서른세 살의 젊은 사람이 그의 아내와 어린 두 아이를 데리고 호수 속으로 숨어버렸다.

입춘이 내일모레인데 날씨는 한겨울이다. 부산이 영하 7도에 체감온도 영하 15도라 하니 겨울 들어 제일 추운 날씨 같다. 이 정도 추위라면 영랑호도 슬픈 전설을 품에 안고 얼어버렸을 것이다.

내가 어릴 적이다. 같은 겨울인데 그때는 왜 그리 추웠던지. 가난 때문이었을까. 그래도 허기만 면하면 되었던 욕심 없는 시절이었다. 마산 인근의 산골이 내 고향이다. 그곳도 지금은 지구 온난화 때문인지 몰라도 눈 구경하기가 정말 어렵지만, 당시는 겨울이면 하얀 눈이 온 산하를 덮었다. 그러면 바깥일을 할 수 없는지라 햇볕이 내리쬐는 따뜻한 마루에 온 가족이 둘러앉는다. 어머니는 부엌에서 막 삶아 김이 모락모락 나는 고구마를 대소쿠리에 담아내고, 초가지붕 처마에서는 지붕에 쌓인 눈이 눈물되어 떨어진다. 흙 마당을 온통 질척이게 하는 낙숫물 소리를 들으면서 우리는 뜨거운 고구마와 살얼음이 있는 서늘한 동치미를 먹는다. 그런 날엔 점심은 건너뛴다. 그런 고구마라서 그런지 몰라도 도시 변두리의 가난한 사람들이 가끔 욕심을 부렸다. 수확기가 되면 할아버지, 할머니가 고구마 밭에 농막을 지어 지켰다. 돌이켜보면 향수이고 낭만이다. 고구마를 지키는 노인이나 그 노인이 무서워 그것을 가져가지 못하는 사람이 있었다는 것이 얼마나 재미있는가. 주객主客의 자리를 인정한 아름다운 풍경인 것이다. 지금은 주인이 도둑의 눈치를 보고 더 무섭게 여기는 주객이 전도된 세상이다.

고무마로 한 끼를 넘기던 그때는 호구지책이 생활의 전부라고 해도 과언이 아니었다. 그래서 양식을 지키는 일에 목숨을 걸었었는지도 모르겠다. 별것 아닌 고구마까지 도둑이 들까 봐 지켰지만 문이란 문을 모두 주야로 걸어 잠그고 살았던 것은 아니다. 낮에는 대문을 열어 놓고 누구나 오고 가게 하였고, 담이래야 구멍이 숭숭 나 있는 돌담이라 숨길 수도 없고 숨길 것도 없이 살았다. 돌담 구멍으로 지나가는 사람이 보이면 불러서라도 밥을 나누어 먹는 것이 미덕인 시절이었다. 그렇게들 모두가 못살았지만, 굶어 죽었다는 사람이나 가난 때문에 빚에 쪼들려 자살하는 사람은 별로 없었다. 먹고 사는 것에 한정된 가난한 욕심을 가지고 산 사람들이라선지 모두들 힘에 맞게 살았다. 혹여 얻은 빚이라야 먹고 살기 위한 것이니 건강만 하다면야 무슨 문제일 것인가. "빌린 돈 이자에 치여 만성두통에 시달리는 나의 엄마 다혜자 씨는요, 칙칙폭폭 칙칙폭폭 끓어오르는 부아를 소주 한 잔으로 다스릴 줄도 알아. '암만 그렇다 캐도 문디, 베라묵을 것. 몸만 건강하모 희망은 있다.'"(김진완, 〈기찬 딸〉)의 시처럼 한 잔의 소주에 시름을 잊을 수도 있고 힘 닿는 대로 살아가기 때문에 건강하면 희망은 있었으니 죽을 필요까지는 없었던 것이다.

지금은 너무 잘 산다. 모두 잘 살기에 못살기가 외려 어렵다. 빚도 호구지책보다는 잘 살기 위하여 낸다. 빚을 내어 살아도 잘 살기 때문에 보살필 필요도 없으므로 주인보다 큰소리치는 도둑이 못 들어오게 튼튼한 콘크리트로 담을 치고 산다. 보살핌도 관심도 가질 수 없는 콘크리트로 벽을 둘러쌓아 이웃과 단절되어 살아가는 것이다.

그러니 지금은 제 것 없으면 건강만 믿고 아무리 발버둥쳐도 감당할 수가 없다. 그래서일까. 영랑호의 슬픈 전설이 계속되고 있는 것이다. 가난하더라도 "문디 베라묵을 것 건강하문 되지." 하고 소주 한 잔에 시름을 날릴 수 있고, 이웃 간 정을 나누고 희망을 안고 살 수 있는 구멍이 숭숭 난 돌담이 있는 집이 그립다.

제2부
너희가 게 맛을 알아

내 보고 우짜란 말인교!

며칠 전 장인 칠순에 가족들만의 오붓한 축하연이 있었다. 자식들의 부부, 숙부, 고모, 조카 부부들, 멀리서 온 조카 내외도 있었다. 모두를 장인의 무병장수를 위한 축하자리. 그런데 그 자리에 꼭 있어야 할 누군가가 보이지 않는다. 가슴 한편에 휑하니 바람이 든다. 남아 선호에 대한 항의다. 막내처남의 첫 애 백일 옷을 처제가 근무하는 백화점에서 구입한 것이 화근이었다. 집사람의 여형제 중에서 유일하게 할 말 하고 사는 바로 아래 처제로서 자기 애들에 대한 것과 비교가 되니 속이 뒤틀렸을 것이고 그래서 한 말 한 것이 서로가 감정이 상하게 됐을 것이다.

"처제하고 무슨 일이 있었는데?"

아침을 먹으면서 아내를 힐끗 쳐다보면서 말을 건넸다. 알고 있으면서 묻는다는 게 영 마음 내키지 않았지만 그만한 일 가지고 그러나 싶은 생각에, 또 다른 이유가 있나 싶기도 하여 불쑥 말을 뱉고 말았다. 아차, 싶었지만 돌이킬 수 없는 일. 아내는 물끄러미 쳐다본다. 뻔히 알면서 친정의 치부를 건드리느냐는 식의 대답이다. 그러면서 가시돋친 한마디로 속을 푹 찌른다.

"당신 집안은 잘한 게 뭐 있는데?"

물려받은 재산도 없이 맨땅에 헤딩하듯이 살아온 세월이 서럽고 억울한데 평생 오르지 않을 것 같은 고향 땅값이 치솟았으니 괜히 심통이 나서 하는 말이다. 한 뙈기 땅이라도 유산으로 받아 놓았더라면 지금쯤 괜찮을 것인데 하는 원망과 질책이 서렸다.

내가 자란 산골. 도시 근교의 오지로 남아 있어 발전과는 등지고 사는 곳이라 도로 사정상 다니기가 만만찮은 곳이었다. 그런데 쥐구멍도 해 뜰 날 있다는 말처럼 동네 앞으로 4차선 도로가 확 뚫렸다. 남해고속도로에서 내려 집까지 채 10분도 안 걸린다. 우와! 오래 살다 보니 이런 일도 있구나! 하고 감탄이 절로 난다. 그곳에 공사가 진행될 때만 하여도 그래 거기에 길이 나는구나 하는 정도의 생각만 가졌다. 막상 그 길이 개통이 되고 명절 등 가끔 형님 댁에 다녀 올 때 그 편리함에 가히 기가 찰 노릇이다. 첩첩산골 출신이라 항시 고향에 대한 열등감과 촌놈으로 살았는데 이젠 자신감을 가져도 되겠다는 생각만으로도 즐겁다. 그리고 그 길 덕분에 땅값도 엄청 올라 모두들 부자가 되었다. 그래서 모두들 좋은 줄만 알았는데 가끔 고향친구와의

술자리에서 들으면 좋은 것만은 아닌 것 같았다. 누구누구 집에선 재산 때문에 형제간에 원수가 되고 누구는 부모 자식 간에도 얼굴을 안 본다는 등. 내 친구 석이도 재산관계로 제 아버지 제사 때 자기 형과 크게 다퉜다고 하였다.

그리고 얼마 지나지 않아 친구의 부음이 전해졌다는 친구는 초등학교만 졸업하고 고향에서 농사를 지었다. 그의 아버지는 그의 형만 공부시키기도 버거운 형편이라 그를 초등학교만 다니게 하고는 자기와 농사를 짓게 하였다. 친구도 학교에 가는 게 부러워 자기 아버지에게

"아부지, 나도 그냥 학교 보내 주이소."

그러면 그의 아버지는 친구에게 항상 이런 말을 했다.

"일마야! 너거 형님이 잘되문 니도 따라 잘되는 기라. 그러니 니는 아무 말도 말고 열심히 일이나 하거라."

친구는 아버지와 열심히 농사를 지었지만 산골 천수답 다랑논의 경작으론 자기 형님의 대학 등록금을 맞추기도 힘들었다. 그래도 형이 잘되는 것이 자랑스럽기도 하고 형이 잘되면 자신도 잘되는 것이란 생각으로 어려움을 잘 견뎌냈다.

자기 형은 대학을 졸업하고 서울에서 직장을 얻어 잘 살았고 그는 그냥 고향에서 아버지를 모시고 농사를 짓고 살았지만, 형의 도움을 받는다는 소리는 듣지 못했다.

친구는 자기 아버지에게 가끔 이런 말을 했다고 한다.

"아버지요, 논밭 등기를 내 앞으로 해주이소."

그때마다 그의 아버지의 말씀은

"땅이 어데 가나. 니 형 명의면 어떻고 니 명의면 어떠냐. 니 형이 촌에 와서 농사지을 사람도 아이고 니끼나 똑같은 것 아이가. 그리고 니 형이 니 은공은 못 잊을 것이다."

당시만 하여도 상속세를 면제받기 위하여 자식명의로 미리 이전등기를 더러 해놓았는데 그의 아버지도 마찬가지로 대부분의 논밭에 대한 등기를 장남 명의로 이전해 놓았던 것이다. 그의 아버지께서 돌아가셨지만, 길이 나기까지는 형 명의의 논밭으로 석이가 농사짓고 살아가는 데는 아무 문제가 없었다.

그런데 길이 나자 갑자기 땅값이 폭등을 하니 그의 형님이 큰아들의 사업자금이 필요하여 땅을 처분해야겠다고 한 것이다. 그리고 아들 사업이 잘되면 충분히 보상해 줄 것이니 그리 알고 있어라 했던 것이 그의 아버지 제사 때였다고 한다.

그 후 친구는 매일 술로 세월을 보내다 땅이 처분되고 다음날인가 자기 아버지 산소에 가서 엎드려 대성통곡을 하더란다.

"아부지! 내 보고 우짜란 말인교!" 그리고는 농약을 마셨다고 했다.

이듬해 봄 소쩍새 울음은 참으로 서러웠다.

"우짜란 말인교!"

"내 보고 우짜란 말인교!"

개판이여!

비가 내리고 있다. 일찍 일어나는 습관이라 비가 온다고 계속 누워 있을 수 없으니 아파트 내의 실내 골프 연습장으로 간다. 아파트 현관을 나서니 쓰레기를 버리는 곳에 낡은 운동화가 비를 맞고 있다. 버려진 신발은 참으로 볼품이 없었다. 발등을 감싸는 등판은 푹 꺼지고 밑창은 당겨 올라 뒤집혀 있었다. 한때는 몸의 가장 낮은 곳에서 몸통을 지탱하는 주인의 발을 안전하게 보호하는 수고를 다했는데 낡아 쓸모가 없어지니 저렇게 천대를 받고 있구나 싶은 생각에 짠해진다. 아파트 중앙 공원으로 걸어나가니 천막이 쳐진 의자에 할아버지가 비를 피하고 계신다. 노인이라 잠이 없으니 일찍 일어났지만, 아파트라 달리 할 일도 갈 곳도 없다 보니 저기에 계시는 것일 게다. 그 할아버지의 탈색된 몇 가닥의 머리카락 위로 버려진 신발이 포개지고 인생의 해거름이 보인다.

고향 친구 중에는 세상 사람들이 말하는 제법 출세한 친구가 있다. 그는 공부를 특출나게 잘했다. 그러나 그의 뛰어난 영리함은 그 친구 아버지에게는 재앙이나 다름없는 불행이었다. 몇 마지기 안 되는 산골의 전답을 가진 가난한 농부에게는 자식의 탁월한 재능을 살려주려면 엄청난 희생이 필요한 것이었다. 그의 아버지는 자식의 학비를 벌기 위하여 하지 않은 일이 없었다. 농작물 경작으로 학비를 감당할 수 없으니 인근 도시의 부두 하역 일을 하거나 푸세식 화장실의 오물을 처리하면서 학비를 보탰다. 그렇게 억척을 부렸음에도 종당에는 전답 몇 마지기까지 처분하게 되었다.

전답을 처분한 후 친구 아버지는 대취하여 넋두리를 하셨다.

"내가 뭔 영화를 누릴라고 이러는지, 지 놈 한 놈 때문에 우리 가족이 이리 살아야 되는지. 농사꾼이 땅을 팔아 치운다는 것은 죽자는 짓인데."

그 후론 말수도 적어졌고 묵묵히 일만 하고 지냈다고 한다.

친구는 자신의 타고난 영리함 때문인지 노력 때문인지 대학 졸업과 동시에 관계官界에 진출하여 자리를 잡게 되었다. 덕분에 재력이 있는 집안의 여자를 아내로 맞아 처가 덕택이었지만 경제적인 어려움도 해결되고 본인도 그 분야에서 무난히 길을 가고 있었다. 고진감래라는 말과 같이 모든 일이 보기에는 순조

로워 보였다.

그러나 집안을 다스리기는 그리 편한 것은 아닌 듯했다. 고향 친구들과 가끔 술이라도 나누면 푸념을 털어놓는다.

"자네 부모님은 니 때문에 고생 많이 했는데 잘 모셔라."

라고 친구들이 얘기하면

"그게 마음대로 되지 않는 기라. 자네들도 마찬가지지만 집사람이 이해가 안 되니 말이야."

사실 어느 집이나 집안의 화목은 아내의 몫이다. 친구의 경우 자신이야 학비와 끼니를 걱정하고 살았지만, 아내는 그런 것에는 구애받지 않았으니 자신의 처지를 아무리 설명을 해봐야 남자들이 시도 때도 없이 해대는 군대 얘기 정도로 듣고 아내는 딴소리나 한다는 것이다.

세상에 부모가 자식 공부시키고 키우는 것은 당연한 일인데 뭘 그리 유세를 떠느냐는 식의 화답이 된다는 것이다. 어찌되었든 간에 친구는 자신의 뒷바라지를 위해 희생하신 부모님에게 생활비 정도를 보내는 것으로 만족하였고 친구의 아버지도 그 이상은 바라지도 않았을 뿐 아니라 가타부타 말도 없었다. 다만 부모님들이 연만하시니 같이 지내자는 친구의 요청에는 극구 반대하여 시골에서 몇 뙈기의 땅으로 만족하며 지내셨다. 그러다 친구 모친이 돌아가시자 자식의 얼굴을 봐서 친구 집에서 부양을 받으셨지만, 그것도 오래지 않아 다시 시골로 내려와 혼자 생활을 하다가 얼마 지나지 않아 아내 곁으로 가셨다고 한다.

그때 시골에 가면 어른들이 내게 물으셨다.

"자네 집에도 개를 키우는가?"

"도시에서는 개를 집안에 키우고 자식으로 친다면서."

"시아버지 밥은 안 챙겨도 개밥은 챙긴다고 하는데 그게 정말인가."

그러면서 하시는 말씀들이

"세상이 개판이여!"

개는 항시 집식구들의 밥 찌꺼기를 해결해 주는 동물 정도로만 인식하고 있는 그분들에게 애완동물이 어떻고, 사람들의 정서 안정에 도움이 된다는 등의 장황설이 필요가 없는 것이다. 그래서 "저는 개를 안 키웁니다." 라는 답변 정도를 할밖에 없었다.

유명 재벌기업의 회장이 구속되었고 회사가 위치한 도시에서는 구명운동을 하고 있는데 노조에서는 구명운동에 반댈 하면서 임금인상을 위하여 파업을 한다는 기사를 보았다. 자기가 종사하는 기업의 주인이 구속되는 것을 '얼씨구'하고 좋아하면서 왜 그 회사에 근무하는지. 주인이 그렇게 싫으면 회사를 그만두면 될 것인데. 임금인상을 위한 파업은 왜 하는지 모르겠다.

그런 기사를 읽으면서 생각나는 말이 고향의 어른들이 하신 말씀이다.

"세상이 개판이여!"

고소 공포증症

한창 술도 마시고 객기도 부릴 청년기에 밤늦게 술이 얼큰해서 남포동 육교를 지나다 보면 다리 밑 큰 대로를 향하여 오줌이라도 한 번 쏴 갈기고 싶은 충동을 느낄 때가 종종 있었다. 욕구불만에 대한 감정의 발로이기도 하고 마음먹은 대로 살기 어려운 세상에 대하여 한 번쯤 내려다보면서 대거리하고 싶은 바람도 있었을 것이다. 하지만 취한 의식 속에서도 잠재된 이성이 그 충동을 잘 억제하여 경범죄의 처벌은 면하였다. 오랜 시간이 흐른 뒤, 그 충동을 합법적으로 실천할 수 있는 기회가 주어졌다. 우연한 행운으로 호주를 여행을 할 수 있어, 시드니의 가장 높은 건물 최상층에 위치한 스카이라운지의 카페에 갔다. 그 카페의 화장실이 그 도시에서 명물로 이름이 나 있어 들렀다. 통유리로 만들어진 건물 전면 벽이 다중소변기였다. 마천루 꼭대기에서 도시 전체를 내려다보면서 오줌을 쏴 갈기는 것은 사람이라면 맛보고 싶은 뭐라 말할 수 없는 쾌감이 있을 것이다. 젊을 때의 객기를 떠올리며 거총자세를 해 보았지만, 오금이 저려 제대로 나오지 않아 그 오랜 충동의 숙원을 풀지 못하고 말았다.

남과 다르다는 것. 그것을 인식하기가 그렇게 만만한 것은 아니다. 사람마다 능력이 다르고 개성이 있고 얼굴 생김새나, 몸매, 어느 한 가지도 같은 것이 없다. 같은 난자에서 동시에 태어난 쌍둥이도 닮았을 뿐이지 같지는 않다. 그럼에도 불구하고 사람들은 사람이라는 개념에서 그 차이를 인정하지 않는다. 사람의 뇌란 것이 자기의 기준에 의거 판단을 하기 때문에 다른 사람도 자신의 기준 범위 내에서 인식을 하기 때문일 것이다.

병病은 몸속의 장기가 상처를 입어 제 활동을 하지 못하거나 몸에 균이 침입하여 몸에 이상이 있을 때 발병한다. 균이 침입하여 일시적으로 아프지만 며칠 내에 회복이 가능한 감기 등은 굳이 병이라고 칭하지 않는 것을 보면 치료의 기간이 다소 길어질 경우나 치유가 어려운 경우에 일반적으로 병이라 칭하는 것 같다. 증症은 병의 낌새 또는 병을 판단할 수 있는 아픔의 내용을 말한다. 통칭 병이란 아프거나 신체적으로 활동이 원활하지 않을 때 붙이는 이름이다.

아프지도 않고 외상도 없으면서 정상적인 신체를 가지고도 보통의 사람과 행동 패턴이 다른 사람들이 있다. 정신장애자로

통칭되는 사람들이다. 보통 정신적인 장애 뒤에는 대체로 "증"이 붙는다. 애정 결핍증, 우울증, 결벽증, 어지럼증, 의처·의부증, 고소공포증 등등. 그 가짓수는 많다. 이런 증상들은 사람이라면 누구나 어느 정도는 가지고 있다고 한다. 다만 지나치지 않다는 것뿐이고 사회생활에 아무런 지장이 없는 정도일 뿐이다. 그렇지만 증세에 있어 보통의 사람이 가지는 정도 이상으로 지나치면 "증"이란 단어를 뒤에 붙여 정신 질환으로 취급한다. 육체의 병은 특별한 경우를 제외하고는 본인이 자각할 수 있지만, 이런 정신적 장애 증상은 본인이 대부분이 자각하지 못한다는 것이 신체의 병과는 구별이 된다. 이런 정신 질환은 자신이 자각하기만 해도 반 정도는 치유가 되었다고 해도 과언이 아니라는 생각을 해본다.

어린 시절. 유난히 겁이 많았다.

당시의 다리[橋]는 콘크리트로 된 견고한 다리이기보다는 나무판자로 얼기설기 바닥을 놓아 만든 형태가 대부분이었다. 그래서 이런 다리를 건너는 것이 내게는 엄청난 두려움이었다. 초등학교 다닐 때 건너기를 그렇게 꺼려했던 그 다리가 성인이 되어 그 자리에 가보곤 2미터도 채 되지 않은 높이에 얼마나 황당했던가. 그러나 성인이 되어서도 조금 높은 곳에서 밖을 내려다보면 단전 아래로부터 감전된 것처럼 치솟아 오르는 찌릿한 전율로 몸을 떨기도 했다. 전망 엘리베이터라도 타면 전면의 가장자리를 피하여 안쪽으로 자리를 잡는다. 등산을 가서 구름다리라도 만나면 체면도 없었다. 언젠가 김일성이 고소공포증 때문에 비행기를 타지 못한다는 것이 신문에 보도된 적이 있었다. 그때서야 내가 다른 사람과 다르다는 것을 알 수 있었다. 그 전엔 누구나 공포심이 있지만, 담력이 있어 그것을 감당할 수 있고, 나는 겁이 많아 그렇지 않은 것으로만 단순하게 생각했었다. 그걸 자각하고 나니 높이에 대해 감당할 수 있는 자제력이 어느 정도는 생겼다. 그 후 아파트 고층에 사는 것도 해결이 되었고 엘리베이터의 가장 자리에도 설 수 있었다.

그렇지만 울릉도 여행에서 바닷가로 나 있는 산책길을 가면서 아내로부터 이런 기죽는 말을 들을 수밖에 없었다.

"당신, 겁나제."

사람이 자신을 알기도 힘들고 특히 자신이 정신 질환이 있다는 것을 인정하기는 정말 쉽지 않다.

그리고 이런 정신 장애는 대부분 주위에 있는 사람들에게 불편을 준다. 특히 결벽증은 다른 사람보다 자신이 우월한 것으로 생각하니 더 심하지 않을까 싶다. 하지만 공소공포증은 남에게 피해를 주지는 않으니 그나마 다행이다. 지금은 고소공포증이 있다는 것을 남에게 거리낌없이 말할 수 있다. 어느 정도는 자신이 생겼다는 말도 되고 그들과 다른 공포 상황을 연출하여도 이해해달라는 말도 될 수 있고, 그런 상황에서 도움의 요청이기도 하다. 세상엔 수많은 사람이 각기 다른 모습으로 살아간다는 것을 고소공포증으로 알 수 있었으니 그것이 나쁜 것만은 아닌 것 같아 감사하다.

'그냥' 주는 것

'욕심'과 '어리석음'. 의미는 다르지만, 그 통속은 하나 같다. 욕심이 없다면 어리석음도 생기지 않을 것이니 하는 말이다. "공짜라면 양잿물도 마신다."는 말처럼 공짜 좋아하지 않는 사람이 세상 어디에 있겠는가. 공짜는 자신의 노력이나 아무런 대가도 없이 얻는 이익을 말하는데, 과학적 논리로는 존재할 수가 없는 것이다. 이런 정도는 누구나가 알고 있는 사실이다. 사기를 당하는 사람이 많다 보니 사기에 대한 정보는 보통 사람도 대충은 알고 있는 실정이다. 그럼에도 불구하고 계속하여 사기 사건이 일어나고 있는 것을 보면 불가사의하다. 이처럼 사기가 계속될 수 있는 것은 사람의 마음속에 욕심이란 것이 있어 '눈에 뭔가 씌었다.'는 말처럼 어리석은 짓을 하게 되는 것이다. 우리 속담에 '천지도 모르고 깨춤 춘다.'는 말이 있는데 이는 몰라서 함부로 행동을 하는 것을 빗대어 말하는 것이지만, 사기란 것은 몰라서 당하는 것이 아니고 뻔히 알고 있으면서도 욕심 때문에 당하는 경우가 대부분이다. 나 또한 공짜를 좋아하는 편에 속하고, 거기에다 남의 말을 잘 믿는 편이니 사기를 당할 수 있는 소질을 다분히 지니고 있다고 할 수 있다.

언젠가 추석을 맞아 아들과 둘이 큰형님 댁으로 가는 중 진영 휴게소에 잠시 들렀다. 아들에게 먹을 것을 사주고 차를 막 출발시키려는데 어떤 사람이 느닷없이 다가와서는 '고급냉동어류를 백화점에 납품하는 사람'이라고 자신을 소개하는 것이었다. 그러면서 하는 말이 백화점에 납품하고 몇 개 남아 있어 그냥 드릴 테니 술값이나 좀 달라는 것이었다. '그냥'이란 말에 혹하여 얼씨구 공짜구나 생각이 들자 이성적 두뇌의 활동은 멈추어지고 그 냉동 생선을 '술값'을 주고는 '그냥' 받고 말았다. 사실 그 이면에는 큰형님 댁에는 변변찮은 선물이라도 준비를 하였는데 작은형님 댁에는 준비하지 못한 관계로 공짜 비슷한 것이지만 드리고 생색이라도 내야지 하는 마음이 조금은 작용을 하였다. 어찌 되었든 그 냉동 생선을 작은형님에게 드렸고, 추석 선물로 역할은 다하였다.

추석 얼마 후에 선친의 기제가 있어 다시 형님들과 자리를 같이하게 되었다. 그때 작은형님이 내게 물었다.

"전에 그 고기 어디에서 샀어?"

"왜요?"

"그것 먹지 못하겠더라."

그때서야 아뿔싸 당했구나 싶었다. 그래 명색이 형님에게 드릴 선물인데 성의 없는 물건을 드리고 생색을 내려하였으니 그게 될 짓인가. 결국엔 하지 않은 것만 못하게 되었다. 다시는 '그냥' 얻는 물건에 혹하지 않겠다고 수없이 다짐했다.

얼마 전인가 보다. 직장동료 두 분이 횡단보도를 건너다 신호를 무시하고 달려온 차량에 치여 부산대학병원에 입원해 있어 병문안을 간 적이 있었다. 두 분 모두 다리가 두 곳이나 부러져 깁스를 하고 있었다. 그러고도 하시는 말씀이 여기서 보니 자신들은 교통사고 맛만 겨우 본 것 같다나. 역시 교통사고는 안 당하는 것이 최선이란 생각을 하면서 병문안을 마치고 돌아오는 길이었다. 영주 터널을 지나 좌회전 신호를 받고 있는데, 옆 차선에서 신호를 받고 같이 정차하고 있는 냉동 탑 트럭이 계속 경적을 울리는 것이었다. 내가 잘못한 것도 없는데 의아하기도 하고, 길을 물어 보는 것 같기도 하여 차창을 내려 쳐다보았다. 트럭 조수석에 앉은 사람이 냉동 생선이 있는데 '그냥' 가져가라는 것이다. 그 소리에 오래전에 당했던 생각이 들어 마땅찮게 쳐다보고는 '괜찮다.'는 의사 표시를 하면서 차창을 막 올리는데, 그 사람이 다급하게 소리를 치는 것이다. 자기들은 자갈치 시장에서 횟집을 하는데 고마우면 한 번 오셔서 회를 한 번 팔아 주면 된다는 것이다. 그 정도면 믿을 수 있겠구나 싶어 조금

전의 떨떠름한 생각을 지우고 길 건너편에서 만나자고 하였다. 차창을 닫고 가만히 생각하니 오늘 참 무슨 횡재수가 있어 무단히 가는 사람을 불러 생선상자를 안기나 싶어 마음이 들뜨기 시작했고, 지난날에 당한 일은 까맣게 잊고 판단력이 멈추는 것이었다. 고마우니 '그냥' 받을 수가 있을까 하는 생각에 사례라도 할 작정을 하고 차를 길가에 세우고 그 냉동트럭에 다가갔다. 냉동트럭의 짐칸에는 아이스박스 여러 개가 널려 있고 그 안에서 말을 걸었던 사람이 아이스박스 2개를 안고 있었다. 안고 있는 아이스박스를 '그냥' 건네주면 될 것을 알려주지 않아도 되는 '그냥' 주는 사연을 장황하게 설명을 하는 것이다. 직감적으로 무슨 꿍꿍이속이 있구나 하는 생각이 비로소 들기 시작하였다. 아닌 게 아니라 '그냥' 가져가시더라도 좋은데 소줏값이나 몇만 원 주었으면 좋겠다는 본론을 말하는 것이었다. 그제야 옛날 당한 일이 생각나서 박스에 있는 생선을 살펴보니 얼어붙어 있어 먹을 수도 없을 것도 같고, 소줏값 몇만 원이면 싱싱한 생선을 충분히 사서 우리 가족 모두가 먹을 수 있을 것이란 계산이 되었다. 그 생선 장수의 목메어 부르는 소리를 뒤로하고 냅다 돌아서서 오는데, 아무리 생각해도 영 기분이 찜찜했다.

똑같은 일을 두 번씩이나 당하는 것을 보면 나도 어지간히 욕심이 많고 어리석은 사람인 모양이다. 언제쯤이나 같은 잘못을 두 번 저지르지 않을는지. 사람이 의심하기보다는 속아도 믿고 살아가는 것이 낫다고 자기 합리화를 시켰지만, 결국 공짜라는 것에 욕심이 생겨 어리석은 짓을 한 것 아닌가. 사람들이 사기를 당하는 것은 사기꾼의 교묘한 수작도 있겠지만, 그 이면에는 투자한 것보다는 더 많은 이익을 얻고자 하는, 당한 사람의 과욕에서 비롯되는 것이다. 그리고 그런 것은 다른 사람과는 의논하지 않는 것이 사람의 심보다. 자신외에 남이 알면 자기의 이익이 반감되기 때문이다. 그러니 사기를 당하면 남새스럽기도 하여 혼자서 가슴앓이를 한다. 살면서 가끔 속기도 하는 것이 사는 재미일 수도 있지만, 공짜를 바라는 욕심 때문에 어리석은 짓은 하지 말아야 되겠다.

너희가 게 맛을 알아

"너희가 게 맛을 알아."라는 광고 멘트가 있다. 흔히 하는 속어 중에 "고기도 먹어 본 놈이 잘 먹는다."는 말이 있다. 광고 멘트와 같은 의미의 말이다. 먹어본 경험이 없으면 맛을 제대로 느끼기 어렵다는 얘기다. 언제인가 서울에서 잘 보여야 할 손님이 왔다. 내 딴엔 잘 모신다고 조금 과잉 투자를 하여 자연산 고급 어종으로 회를 시켰다. 하지만 정작 손[客]은 맛을 몰라 나만 배를 채운 적이 있다. 그 후 서울이나 내륙에서 오는 사람에게는 좋은 회보다는 좋은 장소를 택했다. 그래야 대접을 제대로 받은 것으로 인식이 되기 때문이다. 음식도 먹어 본 경험의 유무에 따라 맛을 느끼는 것에 차이가 있는데 세상살이에 경험의 공유가 없다면 판단에 있어 차이가 클 것이다.

어릴 때다. 가끔은 어른들께서 이런 말씀을 하셨다. “애들 울음소리 듣는 것이 참 좋다.”고. 그땐 그 말이 무슨 의미인지 잘 몰랐다. 목욕탕의 뜨거운 물에 들어가면서 어른들이 “어이! 시원하다.”고 한 말이 무슨 의미인 줄 몰랐던 것과 마찬가지일 것이다. 이해가 안 되던 그 “시원하다.”는 말을 지금은 나도 아무렇지도 않게 하고 있다. 그 말의 의미를 알 만큼 살았다는 얘기가 된다. 시원하다는 말에는 차다는 의미와 좋다는 의미가 함께 하는 설명할 수 없는 다양한 감정의 조각들이 들어 있는 것이다. 좋다는 것은 세월과 함께 변하는 것인지 모르겠다. 요즘은 시끄럽게만 느껴왔던 아기들의 울음소리 듣기가 좋아진다. 그 울음소리에서는 생의 활기가 느껴지기 때문이다.

테니스를 즐긴 것이 참 오래되었다. 한창 배울 때는 코트 근처에서 공 소리를 듣기만 해도 심장이 쿵덕거리면서 나도 모르게 발걸음도 빨라졌다. 내가 살고 있는 아파트 동은 테니스장과 바로 붙어 있다. 어느 날인가 경비원이 테니스장에서 생기는 공의 파열음과 운동하는 사람들의 괴성과 잡담이 주민생활에 불편을 주고 있어 테니스장 사용금지 또는 제한에 대한 동의서에 거주자의 날인을 받고 있었다. 근래에 이사 온 사람 중에 테니스장 폐쇄를 위한 현수막을 내걸고, 소송을 제기할 정도로 싫어하는 사람이 있었다. 나는 테니스 공 치는 소리를 들으면 생의 활력을 느끼는데 경기를 즐기지 않는 사람들에게는 생활에 불편을 초래하는 모양이다. 사람의 감정은 자신의 선호에 따라 다르다. 좋다는 것과 나쁘다는 것은 본질적인 것이라기보다는 상대적인 느낌이다. 사람에 따라 다르고 같은 사람일지라도 시간의 흐름에 따라 변하기도 한다. 그리고 같은 사안을 두고도 시대에 따라 세간의 평가도 달라진다.

중국 북경의 관광에서 이화원은 필히 보아야 할 코스다. 이화원은 북경 시내에서 서쪽으로 15킬로가 떨어져 있는 행정구에 위치해 있으며 1998년 유네스코 지정 세계문화유산이다. 총면적이 294제곱미터이고 곤명호란 호수가 그 중에서 3/4을 차지하고 있다. 곤명호의 자리는 원래 평지였으나 흙을 파내어 만든 인공호수다. 호수를 만들고자 파낸 흙으로 만든 것이 만수산이다. 이 어마어마한 정원의 건립은 서태후가 피서와 요양을 위하여 군함 구축에 사용될 군자금을 사용해서 만든 것이다. 그 결과 나라를 망하게 할 정도가 된 그녀의 만행은 두고두고 비난을 받아야 할 것이다. 하지만 국고를 탕진하여 만들어진 이 이화원이 지금은 유네스코 지정 세계문화유산이 되었고, 관광자원으로 국가 수입원이 되고 있다. 뿐만 아니라 국민들에게 좋은 휴식처를 제공하고 있어 군함의 구입보다는 오히려 잘한 일로 평가를 받는다니 참으로 아이러니가 아닐 수 없다.

테니스를 오래 즐기다 보니 본의 아니게 여러 클럽에 가입하게 되어 지출되는 회비도 만만찮다. 그렇지만 한 번 맺은 인연이라 이탈이 여의치 않아 재정적으로 다소간의 어려움을 감수하고도 계속 유지하는 편이다. 그러다 보니 휴일마다 월례회가 있어 다른 것을 할 마음의 여유가 없었다. 그러다 우연한 계기로 코트장과 조금 멀어진 적이 있었다. 그 틈새에 뭔가 다른 것으로 채우는 기회가 있었고 결과적으로 내 자신의 삶이 풍요로워졌다. 마음에 무언가로 꽉 채우고 있다면 다른 것이 들어갈 공간이 없다. 모든 생활이 그곳에 집중되어 있어 곁을 돌아볼 마음이 없을 뿐 아니라 자기에 도취하여 모든 판단도 자기 중심으로 이루어져 사고의 유연성도 없어진다. 사람은 변화에 적응하면서도 변화를 추구하여야 삶이 풍족하고 여유로워진다. 풍요롭지 못하고 여유가 없는 사람은 남을 이해하는 데 인색할 것이라는 생각이다. 아무런 관련도 없는 이웃의 즐거운 소란으로 자신의 생활이 침해당한다는 생각에 미치면 기분이 상할 수밖에 없다. "너희끼리 좋든지 말든지 우리가 왜 피해를 입어야 되겠는가?" 하는 감정일 것이다. 하지만 자신이나 자신과 관련된 누구라도 그 자리에 있었다면 그렇게 분한 감정이 생기지 않거나 다소 누그러진다. 그러니 불편함의 감정에는 본질적으로 나쁜 것보다는 대체로 자신과의 관계 유무에 따라 좌우된다고 할 수 있다.

온탕에 들어가면서 "시원하다."고 태연하게 내뱉는 말이 어린이들에게는 황당하지만, 언젠가는 그 애도 그 말을 아무렇지도 않게 사용하게 될 것이다. 세월과 경험이 있어야 알 수 있는 것처럼 남을 이해한다는 것은 쉽지만은 않다. 하지만 자기의 기준으로 선악을 구분하고 남의 잘못을 함부로 들추는 짓은 하지 말아야겠다. 그러나 아직도 그게 마음대로 되지는 않는다. 시골에서 자라서 그런지 동물에 대한 감정이 가축의 범위를 넘지 못하고 있어 애완동물에 대한 사고가 한정적이다. 가끔은 아침에 운동을 나가다 개를 안고 엘리베이터를 타는 사람과 마주치면 마음이 썩 다가가지 않는다. 하지만 언젠가는 아침저녁으로 내가 개를 몰고 다니면서 공원을 산책하고 있을지는 알 수 없는 일이다.

광시곡

소녀가 호숫가로 다가선다. 석이의 눈에 보이는 윤초시의 손녀 연이일까. 천장에서 쏟아지는 빛살이 너무 날카로워 조심스럽게 앉으며 호흡을 고른다. 하얀 드레스가 어깨 아래로 흘러내린다. 드러난 어깨가 흰 드레스보다 더 희고 곱다. 쏟아지는 빛살이 백설 같은 살에 미끄러져 바닥으로 내려앉는다. 어둠에 몸을 숨기고 있는 구경꾼은 소녀의 매혹스런 모습에 숨을 죽인다. 소녀는 고운 손을 호수에 가만히 넣어 본다. 구경꾼은 소녀의 손의 움직임에 숨을 멈춘다. 소녀가 호수에 담긴 손을 움직이자 침묵의 호수엔 금방 아주 가느다란 너울이 퍼져나간다. 호수는 소녀의 손길에 전율한다. 다른 한 손마저 호수에 담근다. 너울은 조금 더 깊고 자주 만들어진다. 소녀의 가녀린 손이 물결을 만들고 있다. 손가락 하나하나가 물결을 잘게 썰고 있다. 어느덧 소녀는 물결을 일으키는 것을 잊고 물의 너울과 하나가 된다. 내리는 빛살은 소녀가 만든 너울에 부딪혀 파편처럼 퍼져나가 별이 된다. 퍼져나가는 별빛과 같이 사회적 윤리를 거부하고 자유분방하게 살아가는 집시여인의 춤사위가 선율을 타고 흐른다. 이윽고 소녀의 두 손에서 각자 만들어진 물결이 서로 부딪쳐 호수를 통째로 흔들어 놓는다. 소녀의 손놀림도 깊고 강하고 자신도 제어하지 못하는 듯 앞으로 내달린다. 높은 파고와 폭풍이 몰아쳐 호수 전체가 출렁인다.

의붓어머니의 딸인 김하늘과 의붓아버지의 아들 고수의 사랑이 있다. 윤리의 장벽이 사랑을 가로막지만, 지금은 오로지 사랑만 존재한다. 미쓰코시 백화점 옥상에 올라 스물여섯 해의 과거를 회상한다. 정오의 사이렌이 울리고 나는 외친다. 날개야 다시 돋아라. 날자. 날자. 다시 한 번 더 날자꾸나.

광시狂詩를 글자대로 이해하면 미친 시가 된다. 기본 형식의 틀에서 벗어나 자유분방하고 속어를 사용한 시를 말한다. 랩소디를 번역한 말이 광시다. 프란츠 리스트는 광시를 음악에 적용하여 랩소디라고 하였다. 헝가리 아구야 민족 고유의 음악을 바탕으로 한 집시음악을 연구한 결과로 음악적 서사시로 표현한 작곡이다.

헝가리 랩소디 f# 단조 8번. 7옥타브 음역의 건반에서 리스트가 오선지에 음표로 저장한 선율이 소녀의 가녀린 손가락으로 되살아난다. 리드미컬한 손놀림. 정말 그 자체가 예술이다. 객석의 제일 앞좌석에서 보는 피아노 연주자의 움직임 자체가 예술이다. 리스트의 〈헝가리 랩소디〉가 연주자의 손놀림에 의해 파장으로 솟아올라 천장 조명에 반사되어 객석으로 떨어진다. 자유분방한 집시처럼 한 번쯤 일탈을 맛보고 싶어진다. 텔레비전 인기 연속극 〈피아노〉의 남남인 남매의 사랑. 이상의 소설 〈날개〉에서 날고 싶어하는 나. 일상에 존재하는 정형의 틀에서 벗어나고 싶은 욕망이다.

랩소디 선율이 가득했던 부산문화회관의 문을 나서자 밤의 어두움과 함께 기다린 듯이 정월의 겨울 찬바람이 휘몰아 온다. 연주장의 랩소디 선율로 풀어져 있던 몸이 다시 찬바람에 얼어붙는다. 오늘 저녁에는 별을 한 번 보자. 홀에서의 들뜬 마음은 이내 찬바람에 움츠려든다. 찬바람에 막혀 하늘조차 보이지 않으니 별을 어디에서 볼 수 있을까. 별이 없기보다는 추위에 별을 보고 싶은 마음이 사리지고 없는 것이다. 우선은 추위를 피하는 것이 상책이다. 일상은 현실이다. 현실의 세계에선 날개는 역시 없다.

그래도 밤하늘엔 별이 예전처럼 항시 있을 것이고 마음만 가진다면 볼 수 있을 것이다.

내 자랄 때 언제나 보았던 밤하늘의 그 별을 보자.

지금은 잊혀진 그 별을.

초등학교 동창

야! 잘 있었나.

그래, 니(너)는?

참! 반갑다.

사십 년 만에 만나게 된 초등학교 동기동창과의 대화다.

보통 우리가 사는 세상에 만나면 묻는 얘기가 "어떻게 사느냐?" 아니면 "뭐, 하노(하느냐)?" 인데 이 모임은 어떻게 된 것인지 그런 말이 없다. 그래서 그런지 잘난 놈도 못난 놈도 없는 초등학교 그 시절의 만남이 되었다.

지난해 초봄. 만물이 생동을 위하여 들뜨고 있는 시절이었다. 우리나라 남쪽의 끝이기도 한 내가 살고 있는 부산 광안리 해변은 이 시절을 나기가 어렵다. 겨울은 바람이 불지 않으면 지낼

만하고 또 추워봐야 겨울이니 하고는 대충 넘긴다. 초봄이면 사람도 느낌이 달라 옷의 무게를 줄인다. 하지만 바닷가의 바람은 봄이면 극성이다. 사람들은 봄이려니 하고 있다가 가시지 않은 한기를 안고 설쳐대는 바람 때문에 아직도 겨울로 살아야만 되는 것이다. 소위 말해서 "춘래불사춘春來不似春"의 계절인 것이다. 그 초봄, 그동안 가끔 만남을 유지하고 있는 고향 친구로부터 초등학교 동창회에 참석하라는 전갈을 받았다. 전화를 받고 한참이나 생각에 잠겼다. 돌아보니 초등학교를 졸업한 지가 어언 40년, 세월이 참 많이도 지나갔다. 그때 새싹인 우리는 가진 것이 없어서 그런지 발가벗고 있어도 부끄럽지 않았다. 그리고 몸을 부딪치고 비비면서 같이 자랐다. 그러다가 초등학교 졸업이라는 계단을 넘어서자 민들레 씨앗이 자기만의 향기와 꽃을 피우기 위한 희망을 안고 바람에 몸을 맡기어 날아가듯이 우리도 청운의 꿈만 안고 세월의 흐름에 몸을 맡기고 어디론지 각자의 길을 갔다. 우리가 다녔던 초등학교는 남녀가 각각 1반으로 모두 2반에 80여 명 남짓하였다. 그리고 시골이라 가는 길이 모두가 달랐다. 도시의 학교에 진학하는 사람은 몇 명 되지 않았고 나는 그 속에 포함되어 있었다. 그 외는 대부분 시골의 면 소재 중학교로 진학을 했고, 더러는 생업에 종사하는 길로 나서기도 했다. 도시의 여느 초등교였다면 그래저래 얽히고설키어 중학교 동기로 고교 동기로 남아들 있었겠지만 우리는 각자의 길로 따로따로 갔다. 그동안 세월의 바람이 내려놓은 어딘지 모를 낯선 척박한 땅에 뿌리를 내려 자신의 향기만 간직한 꽃을 피우고 열매를 맺을 욕심에 밟고 선 땅을 넓히고 지키려는 데 정신을 팔고 살다 보니 그때의 생각들은 까맣게 잊어버리고 살았던 것이다. 이제야 겨우 옆을 돌아볼 수 있는 여유가 생겼던가 보다.

내가 다녔던 시골의 초등학교는 나처럼 정상적인 나이로 입학한 학생은 드물었다. 대개 한두 살이 많았다. 특히 여학생일 경우는 보통 두 살은 많았고 네 살이 많은 여학생도 있었다. 우리 앞집의 세 살 많은 누나도 같은 학년이었다. 제일 나이가 많았던 누나 동기는 초등학교를 졸업하고 그 이듬해에 결혼하여 내가 중학교 삼 학년일 때 아기 엄마가 되었던 기억이 어렴풋이 난다. 나이가 여러 층인 동기이지만, 머슴애들이야 한두 살 차이가 나더라도 문제없이 잘 어울렸고 친하게 지낼 수 있었지만, 과년한 여자 동기생들에게 머슴애들은 속으로 얼마나 가당찮았겠는가? 코나 훌쩍거리고, 흐르는 코를 소맷자락으로 훔치어 윤이 반질반질거리고, 아무 데서나 오줌을 누고 다니는 머슴애 동기생. 그때는 몰랐지만 지금 생각해보니 참 기막힌 일이다.

보내 온 동창 연락처 중 광안리 바닷가에 살고 있는 여자 동창에게 같이 가자고 전화를 했다. 말이 동기지 만난 지가 40년이 넘은 낯선 여자에게 전화하기가 조심스럽고 쑥스러웠다. 겨우 전화를 걸어 동창회에 갈 것인가 내 딴에는 최대한 예의를 지켜 정중하게 말을 걸자 저쪽에서 대뜸 반말로

"니, 누고?"

속으로 서먹하고 조심스럽던 것이 그 한 말에 말끔히 사라지면서, 초등학교 동창이란 게 이런 것이구나 싶어진다. 처음 동창회 모임 장소에 들어서니 사십 년 만에 처음 보는 얼굴이 더러 있다 보니 여기저기서 이런 소리가 들렸다.

"야! 니 내 모르겠나?"

"아! 니가."

그런 소란이 금방 지나가고 그 시절의 동심으로 돌아갔다. 그 중에 처음 들어설 때부터 나를 반기는 여자 동기가 있었다. 아무리 생각해봐도 기억이 나지 않아 옆에 가서 물었다.

"내 형년이 아이가." 하는데 어릴 때 바지를 치켜올려주기도 한 앞집의 누나 동기다. 그날도 흘러내린 바지를 걷어 올려준다. 그래저래 어울리다 점심부터 시작한 모임이 자리를 옮기어 계속되는데 나는 집사람이 기다린다는 핑계로 자리를 뜬 것이 저녁시간이 한참이나 지난 9시였다. 그날 참석한 남자 동기들의 직업을 보면 참 다양하다. 사업가, 운전기사, 교감, 중견기업의 이사, 공무원, 사진사, 기술자, 회사원, 부동산 중개인, 술집 주인, 노래방 주인, 농부, 어부 등등 여러 가지다. 그렇지만 누구도 그런저런 얘기는 입에 한 번도 올리지 않고 한데 어울려 즐긴다. 그 시절 그 인연의 아름다움을 나눌 뿐이다. 대구에서 사업하고 있는 동기가 찬조금을 내면서 한 말이다.

"세상에 이런 모임도 다 있나!"

아마 그때는 가진 게 없어 부끄럽지 않았고, 지금은 더 가질 이유가 없어 부끄럽지 않아 즐겁게 자리를 할 수 있지 않는가 싶다. 분기 모임이라 석 달에 한 번 광안리 해변 근처에 살고 있는 여자 동기와 전화로 동심의 대화를 한다.

니 갈래?

그래, 같이 가자.

미리 떠난 내 오랜 친구

아침에 출근하면서 차 운전대를 잡고 노래를 흥얼거린다. 흥얼거리는 속내는 오늘 하루도 즐겁기를 기원하는 것이다. 그런데 요즘은 노랫가락이 흘러간 옛 노래다. 그것도 어릴 때 소를 먹이면서 또래들과 같이 불렀던 유행가다.

한참을 혼자 흥을 돋우다가 자신도 모르게 까닭 모를 슬픔이 차오른다. 흘러간 옛 노랫가락을 흥얼거리면 그때 같이 뛰놀던 그 사람들이 자꾸 생각나고 고향의 향기가 그리워지는 것이다.

어둠이 침묵처럼 내려앉아 있는 경남도립병원 영안실 입구. 떠나는 영혼들을 환송하고자 하얀 국화꽃으로 장식된 화환들이 줄지어 서 있다. 어둠의 옷을 입고 말[言]을 놓아 둔 나와 내 오랜 친구 부부들이 무거운 발걸음으로 줄줄이 서 있는 화환 사이를 걷고 있다. 할 말을 잃은 우리들. 우리는 마침내 빈소에 들어섰다.

"야! 너거 왔나!" 하고 반길 친구는 액자 속에 갇혀 벽에 걸려 있다. 아마, 그 사진은 서울에서 웨딩사진 찍을 때 같이 찍은 것일 것이다.

반겨야 할 친구를 대신하여 그의 아내와 딸이 인사말을 대신 전한다.

"여보! 당신 친구들 왔다. 뭐하노?"

"아빠! 아빠 친구들 오셨는데, 뭐하셔요?"

그동안 말을 잃고 있던 우리들은 욱, 하면서 막힌 설움이 둑 터진 물처럼 쏟아진다. 쏟아지는 눈물을 간신히 억누르고 다시는 볼 수 없는 친구를 대신한 그의 사진 앞에 우리는 하얀 국화 한 송이를 올리는 것으로 이별을 고한다. 우리는 우리 자신들의 슬픔을 제대로 참지 못하여 상주에게도 위로의 말도 채 못하고 빈소를 물러나와 따로 식당을 잡아 소주로 작별의 아픔을 씻었다. 아무리 마시고 마셔도 설움은 씻기지 않고 그와 지냈던 흔적들을 술에 취해 주절거렸다.

어제 고향 친구의 딸 결혼식에 다녀왔다. 아내와 내가 아파트 테니스장에서 운동을 즐기다 집에 들어와 몸을 씻고 막 저녁을 먹을 찰나 핸드폰 벨이 울렸다. 마산에서 사진관을 운영하고 있는 친구다.

"우짠 일이고"

"××가 세상을 떠났다."

“오늘 낮에 같이 점심 먹고 헤어졌는데 무신 말이고, 사고났나?”

“아이다. 심장마비다.”

원체 오래된 친구이니 전화 내용이 단답식으로 짧게 요점만 오고갔다. 전화를 받고 그러려니 하고 심장마비란 것이 돌연사의 병명 정도로 생각하고 내일 저녁에 내려가기로 방향을 잡았다. 저녁을 먹고 아무 일도 없는 양 텔레비전을 보았다. 그러다 친구의 부음이 아무리 생각을 해봐도 믿기지 않아 다시 전화를 했다.

“준호가, 아까 전화가 무신 말이고?”

“그래 된 기 맞다.”

몇 명의 고향 친구끼리 계속 만남을 유지하고 있었다. 그 중 한 친구의 딸 결혼식이 오전에 있었다. 오전 11시에 식인지라 집에서 9시 30분에 출발하면 될 것 같아 준비하고 있는데 아침 일찍 그 친구로부터 전화가 왔다. 일찍 오라는 당부다. 어련히 알아서 갈 것인데 웬 전화인가 하여 실소를 하면서 아내와 서둘러 준비하였다. 예식장에서 만난 그의 차림새는 정말 유난했다. 고급 새 양복에 코트까지 갖춰 입었고, 거기에다 새 신발까지 갖춰 신고 있었다. 완벽한 신품 세트로 갖추어 입고 얼굴도 빛이 돌 정도로 정갈했다. 물론 결혼식이라 대체로 어느 정도는 품위를 유지하지만, 그 친구의 입성은 조금은 남달라 유심히 얼굴을 보았고, 일부러 옷도 만져보았다. 식후 우리는 점심을 같이하고 각자 집으로 갔다.

그 친구는 집으로 가서 쉬고 있다 해거름 무렵 딸을 데리고 백화점 쇼핑에 나섰다. 백화점 주차장에서 부인과 딸은 먼저 하차하여 점포 안으로 향했고 본인은 주차를 하고 따라 나서기로 한 것이었다. 그런데 부인과 딸이 백화점 승강기를 타기 위하여 친구를 기다리고 있는데 오지 않아 다시 차로 되돌아가 보니 이미 의식을 잃고 있었고 그 길로 깨어나지 못했다는 것이다.

부음을 듣고 생각해보니 아침에 전화한 것이나 점심을 먹으면서 자리를 같이하지 못한 친구 부인에게 일일이 안부전화를 하는 것이나, 평소 부부간의 금슬이 남달리 아주 좋은 편이라고 할 수 없는데도 서울까지 가서 웨딩사진을 찍고 좋아하는 등 뭔가 다른 일상사들에 대한 생각이 스친다.

내 오랜 친구. 내 결혼식 때 그는 인천에서 비행기로 내려와 축하해 주었다. 그때는 그러려니 하였지만, 당시의 생활상으로 그게 쉽지 않은 일이었다. 우리 모두는 그래저래 그의 후덕을 입었던 사람들이다. 그 마음을 이제 돌려줄 수 없음에 아쉬움이 크다. 언젠가 내가 저 자리에 있을 때 누군가 진심으로 마음 아파할 사람이 있을까? 그리고 내 자신의 살아온 자리를 돌아본다. 이제는 누군가를 만나도 계산보다는 마음을 나누어야 할 것이라고 작정을 하면서 친구의 영정 앞에서 또다시 작별의 술을 우리끼리만 마시고 떠날 채비를 한다.

친구여, 미리 가서 우리가 지낼 터전이나 잘 마련해 두게나. 곧 만나세.

박수를 쳐라!

박수를 친다. 두 손을 마주치는 사이에서 짝, 짝, 짝 경쾌한 소리가 튀어오른다. 그동안 흘린 땀에 대한 예禮이고 좋은 음악을 들을 수 있게 해준 데 대한 감사의 언어다. 발표를 위한 악기 연주자의 노력이 얼마인가를 요즘에서야 나는 조금 안다. 예전엔 그랬다. 연주자는 그 분야의 전문가로 이미 연주에 필요한 모든 기능을 지니고 있으므로 악보만 보면 언제라도 연주할 수 있을 것이라고. 하지만 발표회를 위한 연습은 각고라고 표현을 해도 모자라지 않는다는 것을 최근에야 비로소 알았다. 일전에 걸레처럼 문드러진 축구선수의 발과 발레리나의 발이 우리에게 감동을 준 적이 있다. 연주자의 노력도 그보다 못하지는 않을 것이다.

테니스를 즐긴다. 하지만 그것도 며칠 쉬거나 컨디션이 좋지 않으면 제대로 실력이 나오지 않는다. 우리나라의 최고 골프 선수인 최경주도 매일매일 연습한다. 그래도 경기에선 제 실력을 전부 발휘하지 못하고 실수를 범하기도 한다. 그러니 우리 같은 아마추어야 얼마나 영향을 받을 것인가. 우리 같은 아마추어 운동 동호인도 경기를 하다 보면 기분에 좌우되어 제 실력을 발휘하지 못할 때가 있다. 감정을 담아 연주하는 연주자도 엄청난 연습이 필요하지만, 기분이 좌우할 수도 있을 것이라 짐작해 본다. 하지만 아직 연주자의 감정의 기복을 느낄 수 있을 만큼이나 감상할 수 있는 정도의 수준에는 미치지 못하여서 나에게는 똑같은 음률로 들릴 뿐이다.

박수는 손과 손이 부딪치는 것이다. 두 손이 부딪치면서 내는 소리는 우리가 남이 뭔가 잘할 때 보내는 환호로서 세계 만국의 공통 언어다. 그러니 박수는 남을 위하여 하는 행동이다. 만일 자신이 잘한 일이 있으면 남에게 박수를 받는다. 박수는 건강에 좋다고 한다. 손바닥에는 340가지 경혈이 있고 심장과 폐 등의 장기와 연결된 여러 경락이 흐르고 있어 손바닥을 자극하면 장기 기능이 활성화되기 때문이다. 거기에다 남을 위하는 마음까지 얹으면 금상첨화로 몸과 마음 모두가 건강해질 수 있는 것이다. 그렇지만 아무것도 아닌 것 같은 박수도 마음을 얹어 치기는 쉽지가 않다. 박수란 칭찬이다. 그러나 남을 칭찬하는 일이 그리 쉽지 않다는 것을 알고 있다.

특히 상대를 이겨야 하는 운동 경기에서 상대의 불행은 나의 행복이 된다. 가끔 야구 경기를 보면서 내가 응원하는 팀이 잘하면 좋지만, 그게 안 되면 상대 팀의 실수를 기다린다. 야구 경기를 보면서 내가 응원하는 팀이 득점 기회가 되었는데 후속 타자의 평범한 땅볼을 상대 수비가 실수하여 잡지 못하면 무슨 심보인지 짜릿한 쾌감을 느낀다. 그러니 운동경기에서 상대가 경기를 잘한 것에 대하여 박수를 친다는 것은 거의 불가능하다. 경쟁의 장이 운동경기장에만 한정되는 것은 아니다. 사회생활 자체가 경쟁의 장이다. 그러니 사회활동을 하면서 남이 잘할 때 박수를 치기란 참으로 어렵다. 남이 잘하면 자기는 뒤처지는 것으로 경쟁에서 밀려 조직에서 생존에 문제가 생긴다. 그러니 남이 잘할 때 박수를 치기보다는 남의 실수를 기다린다고 할 수 있다. 그럼에도 다르게 살고 있는 사람도 많이 있다. 일전에 신문에서 보았다. '부 우클리'란 선수가 프로 아놀드파머 대회 3R에서 동반 경기자에게 도움을 주기 위하여 2벌 타를 먹어 점수를 까먹었다는 기사가 있었다. 남이 잘 안 되는 것을 오히려 좋아해야 하는데 상대를 위하여 편의를 제공하고 벌점을 받는다는 것은 보통 사람으로는서 할 수 없는 일이다.

우리나라 속담에 "사촌이 논을 사면 배가 아프다."는 말이 있다. 말이 안 되는 것 같지만, 대체로 맞는 말인 것 같다. 사회활동을 하면서 이웃이 잘되는 것을 진심으로 바란 것은 별반 없었다. 어떻게 생긴 심보인지 남 잘되는 것보다는 안 되는 것을 바라고 살았는지 모르겠다. 욕심이란 것이 세상 보는 눈을 가리고 있었던 것이다. 세상사 이치가 뿌린 대로 거두는 것으로 공짜가 없다. 그러니 자신이 박수를 치지 않는데 남이 자기를 위하여 박수칠 사람은 없다. 남이 잘될 때 같이 좋아하고 즐거워한다면 사는 날이 항시 즐거울 것이다. 그리고 자신이 잘되었을 때는 박수칠 사람이 많아지니 즐거움이 배가 될 것이다. 요즘은 남이 잘되는 것에 대하여 억지라도 즐거워해본다. 그러다 보니 세상 살이가 팍팍하지만은 않다. 매일매일 출근하면서 차안에서 박수 연습을 한다. 박수의 소리와 함께 엔도르핀이 솟는다.

그리움으로

입에서 욕이 절로 나온다.

"A, C."

남에게 하는 욕이라면 소리라도 지르고 나면 기분이라도 풀릴 것인데 자신의 멍청한 짓에 화가 나서 하는 것이니 해봐야 기분만 더 상한다. 점심때가 다 될 때까지 아침을 먹지 못한 배에서는 소리가 요란하다. 또한 땀 흘린 후라서 시원한 맥주 한잔이 간절한데 모두가 떠난 빈 주차장에 혼자 우두커니 있자니 환장할 노릇이 아닌가. 조기회 테니스 월례대회를 마치고는 식사자리로 이동하려니 차에 시동이 안 걸린다. 전조등을 보니 켜진 상태이다. 아무리 생각을 해봐도 켠 기억이 없다. 며칠 전 저녁에 이미 그런 경험을 했기 때문에 테니스장에 나설 때가 신새벽이라 거리에는 아직 어둠이 엉겨붙어 있었다. 하지만 혹시나 전조등을 끄는 것을 잊어버릴까 하는 염려로 불을 켜지 않고 나섰다. 그런데 전조등 켜 있었다니 귀신이 곡할 노릇 아닌가!

이번 일만이 아니라 건망증이 중증인 것을 나 자신이 잘 알고 있다. 그 때문에 걱정 반, 우려 반으로 종종 아내로부터 핀잔을 듣는다.

요즘 세상의 변화 속도는 엄청나다. 그리고 신식일수록 속도가 더 빠르다. 시대의 흐름에 맞춰 뭔가 하나는 남보다 빠른 것이 있어야 할 것 같아서일까. 잊는 속도가 광속도로 달린다. 빠를수록 좋은 것이 많은데 망각의 속도는 빠를수록 신식에 속하는 것이 아니고 메모리 부족이거나, 신경 전달체계가 마모된 구식으로 인정된다. 하고 싶은 말도 잊어버리고, 아는 사람의 이름도 잊어버리고, 해야 될 일도 잊어버리고, 무슨 일을 했는지조차 가끔은 잊어버린다. 어떤 때는 한참 생각하여 하려던 말이 잠깐 다른 생각으로 달아나버려 화제와는 사뭇 떨어진 얘기로 대충 얼버무리기도 하고, TV리모컨을 방에 찾으러 갔다 눈에 보이는 안경만 쓰고는 거실에 와서 다시 리모컨을 찾으러 나서기도 하고, 차의 트렁크를 열고는 키를 그대로 꽂아둔 채 와서 키를 찾아 헤매기도 한다. 그러다 잊는 도가 넘쳐 한 번은 차 열쇠를 손에 쥐고서 주머니에서 열쇠를 찾아도 나오지 않자 열쇠를 다른 손에 넘기고서 열쇠를 쥐고 있었던 손을 주머니에 넣어 찾았다. 그러다 주머니를 아무리 뒤져도 나오지 않자 열쇠를 잃어버렸다고 문 열기를 포기하고 돌아서려다 손에 쥔 열쇠를 발견하고 얼마나 황당했는지.

사실 잘 잊는다고 살아가는 데 불편이야 하지만 치명적인 문제가 되지는 않는다. 하지만 이러한 증상이 치매로 발전이 될까하는 우려가 되는 것이다.

오래 사용하여 닳는 것을 흔히 마모라 한다. 마모는 세월의 흔적이다. 돌도 세월이 흐르면 퍼석퍼석해져 모래만 한 알갱이로 떨어져나가기도 하고 쇠도 녹이 슬어 못쓰게 되는 것을 보면 세월의 힘 앞에서 온전히 제 몸을 지탱할 수 있는 것은 없을 것 같다. 관절도 삐그덕거리면서 소리가 나고 몸도 제대로 움직이지 않는다. 그런데 항시 쉬지 않고 몸 전체를 통제하고 관리하는 두뇌야 이미 정상적인 활동을 하기엔 그 마모의 정도가 심한 단계일 것이다. 정상적인 세월의 흐름에 따라 진행되는 마모의 정도이면 살아가는 데 큰 불편을 느끼지는 않는다. 이웃 사람들이 너덜너덜해진 기억의 장치를 이미 알고 있기 때문에 그러려니 하고 알아서 이해를 하고 그에 따른 처신을 하기 때문이다. 문제는 기억의 시스템에 장애가 생겨 시스템 자체가 급작스럽게 활동을 제대로 할 수 없게 되는 치매이다. 치매는 나이가 들어 마모가 심하면 오는 정도로 알고 있었는데 최근엔 젊은 사람들에게도 오는 것을 보면 시스템의 에러인 것 같다.

며칠 전인가 KBS 프로그램 〈인간시대〉에 30대 중반의 부인이 치매에 걸려 고생하는 것이 방영되었다. 그 부인의 남편이 치매를 앓고 있는 아내에게 한 말이 가슴에 닿는다. "내가 누구인지를 몰라도 되고, 애들이 누군인가를 몰라도 되지만, 당신의 마음속에 사랑하는 남편이 있고 당신이 목숨처럼 아끼는 자식이 있다는 것을 담아 달라."고 하는 부탁의 말에 부인은 알아들었다는 듯이 눈물을 흘리고 있었다.

그립다.

잊고 살았던 일들이. 그동안 산다는 핑계로 망각의 최면에 걸려 있었던 것이다. 그땐 언제든지 필요할 때는 항시 리바이벌하면 된다는 생각으로 지냈는데, 이제는 재생하기엔 너무 늦었다. 아들은 군 복무 중이고, 딸애마저 대학을 졸업하고 취직하여 객지로 나가 있으니 집에는 아내와 나만 있다. 이젠 살아가는 데 대한 무게가 가벼워져서 그런지 흘러간 세월 속에 묻어둔 기억들이 뭉텅뭉텅 명주이불처럼 가슴을 뎁힌다. 가슴에 담아 두었던 사람들에 대한 그리움이다. 하지만 그때 그 사람은 없다. 어디에선가 잘 살겠지. 지금은 만나도 남이 되어 어색할 것이다. 가끔 아지랑이같이 피어나는 그리움이 더 좋을지 모르겠다. 인생의 계절로 치면 나는 이미 가을로 접어들었다. 가을은 만남을 기약하기보다는 별리의 계절이고 바람의 계절이다. 싸한 바람이 불면 나뭇잎은 낙엽이 되고 낙엽은 바람 따라 바람이 되어간다. 같이 있을 때는 몰라도 떠나보내고 떠나면 그립다. 가을엔 버려야 한다. 버린다는 것은 망각이다. 잊혀져야 한다는 두려움 때문에 '당신을 목숨처럼 사랑한 사람'이라고 마음에 새기길 바라는 남편의 사랑이 있다. 사랑한 사람들에게 잊힌다는 두려움 때문에 지난날에 대한 그리움이 가슴을 적시는지 모르겠다.

올가을엔 그리움으로 가슴을 채우고 싶어진다.

제3부

망우물忘憂物

말[言]의 씨

법정 스님의 수필집에 이런 글이 있다. "침묵을 근거로 하지 않는 말은 소음이다."

하이네의 어록에 "말[言]은 사자死者를 무덤에서 불러내고, 생자生者를 묻을 수 있고, 소인을 거인으로 만들고 거인을 때려잡을 수 있다."

법정 스님은 말하는 방법에 대한 것을, 하이네는 말의 중요성과 위험에 대한 경고를 한 것 같다.

"밤 말은 쥐가 듣고, 낮말은 새가 듣는다."와 "말 한 마디에 천 냥 빚도 갚는다."는 우리 속담이 있다. 이 속담들은 말을 조심하고 상황을 잘 헤아려 하라는 뜻을 담고 있다. 하지만 말을 조심하고 잘한다는 것이 쉽지만은 않다. 잘할 수 없으면 안 하는 것이 그나마 나은데, 사회생활을 하는 사람이 말을 하지 않고 살 수는 없는 것이다. 그러다 보니 쓸 말 안 쓸 말 마구 하여 본의 아니게 남의 가슴에 못을 박는 일이 허다할 것이다.

YS정권 시절에 시중에 이런 말이 나돌아 사람들을 즐겁게 한 적이 있다.

"애무부장관은 애무나 잘하소!"

"제주를 국제적 강간지역으로 만들겠다."

사람들은 "애무"를 "외무"로 "강간"을 "관광"으로 잘도 알아들었고, 잘못된 발음에 질책보다는 우스개로 즐기었다. 이런 말은 말 속에 다른 의미가 존재할 수가 없기 때문에 말이 틀려도 듣는 사람이 듣는 데 아무런 장애가 없이 모두가 똑같이 인식이 된다.

반면 DJ 정권 시절에 대통령 자신의 가족 관련 비리가 사회문제가 되면서 대통령께서 대로하여 검찰을 질책한 적이 있었다. 대통령께서 반부패 관계 장관 회의를 주제한 자리에서 '검찰이 바로 서야 나라가 바로 선다.'고 정부 출범 초기부터 누차 강조했는데, 검찰이 잘해주지 못하여 정부가 큰 피해를 본 측면이 있다고 검찰을 질책하신 말씀이 언론에 보도되었다. 우리나라의 검찰이 이 말의 의미를 잘 몰라 대통령의 의중에 반하는 수사를 하여 국민에게 지탄을 받고, 대통령으로부터 질책을 받았는을까 하는 생각이 들었다.

두 분의 전직 대통령은 동시대를 살고 있는 정치9단으로 국민들에게 인식되어 있지만, 그 말씀의 특성과 정치스타일은 크게 달랐다고 볼 수 있다. YS 대통령은 직설적인 말을 주로 사용했고, DJ 대통령은 은유적이고 함축된 말로 그 속에 숨은 뜻이 내포되어 있어 세인들이 충분히 이해할 수가 없는 말씀을 즐기신 것 같다.

DJ 대통령께서 검찰에게 요구한 것은 검찰이 잘해야 된다는 의미인데 이는 공직사회에서 상사가 아랫사람에게 흔히 하는 말 중에 하나다. 공직 사회에서 윗사람이 "잘해 봐."라고 말을 할 경우 일을 잘하라는 내용이다. 하지만 "잘해 봐."라는 말에는 말하는 사람과 듣는 사람의 관계나 말하는 장소, 시점 등 상황에 따라 여러 가지 의미가 내포될 수 있는 것이다. 말하는 사람과 듣는 사람과의 관계가 신분관계의 종속 정도로 밀접한 관계일 경우 충성심의 요청이다. 이 말은 공사公私를 불문하고 충성을 다하여 나를 도와주면 너의 출세는 내가 보장한다는 믿음의 표시이다. 반면 듣는 사람이 공정하게 일한답시고 자신에게 신경을 거슬리게 하는 사람은 '잘해 봐.'의 말은 '까불지 마.' 내가 한 번 손봐줄 수 있다는 은근한 엄포의 의미가 내포되어 있다. 순수하게 업무상의 관계만 유지하고 있는 상사의 '잘해 봐.'라는 말은 '당신은 능력이 있다.'는 것을 내가 잘 알고 있으니 '열심히 일을 잘해라.' 라는 칭찬의 의미를 가지지만, 가끔은 앞으로 충성을 요구하는 의미도 은근히 내비치는 경우도 있다. 단순한 말 한 마디이지만 듣는 사람이나 하는 사람의 입장에 따라 해석이 달라질 수 있다. 그래서 불가에서는 불립문자라 하여 이심전심으로 마음으로 뜻을 전하지 않았나 싶다. 부처님께서 열반에 드시면서 “아무 말도 하지 않으셨다.”고 하셨다. 부처님의 이 말씀은 대중을 위하여 자신의 깨달은 바를 비록 설說은 했지만, 그 경지를 말로써 표현이 안 된다는 의미일 것이다. 이 말은 우리가 자신의 생각을 아무리 말로써 표현을 잘하려고 해도, 말로써 마음을 그대로 전달할 수 없다는 말의 한계를 단적으로 나타낸 것이다. 말이란 것은 자신의 마음도 제대로 표현이 안 될 뿐 아니라 듣는 사람에 따라 구구각색으로 들리게 하기도 한다. 그러니 말로써 본의와 상관없이 남에게 불편을 주기도 하고 오해를 유발할 수도 있을 것이다.

국민 여배우 최진실 씨가 자살했다. 원인이야 여러 가지가 있겠지만, 악플이 그 중 가장 큰 이유가 됐을 것이란 추측이다. 아무것도 아닌 말이지만, 아무렇지도 않게 던진 돌에 개구리가 죽을 수 있듯이 당하는 사람은 목숨을 버릴 만큼이나 아프다는 것이다.

나 또한 내 자신의 의지와 관계없이 상대편에게 의혹을 주기도 하고 오해를 사는 경우로 그 분들과 불편한 관계를 유지하게 된 일이 허다했다. 이를 두고 주위사람이 흔히 인덕이 없다고들 한다. 요즘 생각해보면 인덕이 없다는 것은 나 자신의 행동의 결과에 따른 인과응보일 것이라는 생각이 든다. 내 자신의 잣대로만 남을 평가하여 흠을 잡는 데만 열중한 결과일 것이다. ‘뿌리지 않는데 거둬들일 수 없다.’는 진리를 요즘 새삼 가슴에 음각해 넣는다. 복은 사실은 바깥에서 오는 것이 아니고 자신의 마음의 밭에서 자라나는 것이다. 남에게 하는 좋은 말, 좋은 생각은 결국 자신의 마음 밭에 거름을 주는 것이다.

좋은 말 한 마디, 좋은 생각 하나에 그동안 황폐했던 마음의 터전에 거름과 복의 씨앗을 뿌려본다.

망우물忘憂物

망우물은 우리에게 잘 알려지지 않은 술의 별칭이다. 미국 플로렌스 지역 술장수 사이에 전해오는 얘기로 미국인은 "자기 자신을 잊기 위하여 술을 마신다."고 한다. 동양이나 서양이나 무엇인가를 잊기 위하여 술의 힘을 빌리는 것은 마찬가지인 모양이다.

자식이 돈 때문에 부모를 핍박하기도 하고, 어머니란 사람이 돈을 벌기 위해 친딸에게 못된 짓도 서슴지 않고 시키는 등 인륜이 제대로 서지 않은 세상이요, 권력을 얻기 위하여 몇십억의 돈이 오고가기도 하는 세상이다. 이러한 세태에 살아가는 사람으로 어찌 망각하지 않고 살 수가 있겠는가. 그래서 그런지 요즘은 남녀노소를 불문하고 술 마시는 사람이 많다. 어쩌면 망우물이란 말은 술꾼들의 술 마시는 핑계로 나온 말 같기도 하다.

술꾼들의 술 마시는 핑계로 오래전에 유행했던 말이 생각난다. "월요일은 월래 마시고, 화요일은 화가 나서 마시고, 수요일은 술술 넘어가서 마시고, 목요일은 목이 터지도록 마시고, 금요일은 금주를 위하여 마시고, 토요일은 토할 때까지 마신다."는 말이 한창 유행했다. 술 마시는 핑계도 다양하지만 술 먹는 방식도 술 먹는 사람처럼 다양하다. 술을 한입에 털어 붓는 것처럼 먹는 "완샷형"이 있는가 하면, 술잔만 들었다 놓았다 하는 "약 먹는 형"이 있기도 하고, 한 번 마셨다 하면은 완전히 끝장을 보는 "막가파식 인사불성형"이 있는 반면에 같이 간 동료를 위하여 술값 계산을 비롯하여 교통까지 책임을 져야 직성이 풀리는 "총무형"도 있다. 또 남이야 어찌되었던 간에 자기 기분에 도취하여 초장에 혼자만 술에 취해 법석을 떠는 "독야청청형"이 있는가 하면, 초장에는 술을 마시지 않을 듯이 슬슬 빠지다 남이 술에 취해 귀가하려고 폼을 잡으면, 그때야 비로소 발동이 걸려 같이 간 사람까지 새벽에 귀가시키는 "늦장발동형"이 있는 등 술 마시는 형태도 다양하다. 그리고 이리저리 술집을 옮겨 다녀야만 직성이 풀리는 "문전걸식형"이 있나 하면, 오로지 좋아하는 술집만 찾아가서 아예 그 집에서 끝장을 보는 "단골형"도 있다. 이래저래 술 마시는 사람의 버릇은 참 다양도 하다. "옷을 저당잡히고 술을 마신다."라는 전의고주典衣沽酒란 고어가 있는 것을 보면 옛날에도 술꾼이 많았던 것 같다. 우리나라 옛 선비들의 주법은 상당히 풍류가 있었다. 달빛 아래 국화와 더불어 대작을 하였다거나, 꽃피는 철을 따라 시인 묵객들과 모여서 술 마시는 시사詩社를 한다거나, 새벽 연못에 배를 띄우고 술을 마시며 해 뜰 무렵에 연꽃 피는 소리를 듣는 청개화성시회廳開花聲詩會 등의 기록이 있는 것을 보면, 참으로 여유 만만하게 술도 즐기고 인생도 즐겼던 것 같다. 그런 풍류는 이미 사라진 지 오래되었고, 요즈음엔 술꾼만 남아 있는 것 같다.

술꾼이 많은 것처럼 술이 취해 일어난 해프닝도 가지가지이다. 어떤 사람은 술이 취해 걸어가고 있는데 아스팔트길이 벌떡 일어나 얼굴로 돌진하여 엉망이 되었다는 사람도 있고, 길을 가는데 전봇대가 길을 막아 전봇대를 안고 씨름을 한참 하였다거나, 자기 집이라 생각하고 길가의 전신주에 옷을 걸어 놓고 잠을 잤다 거나, 자기 집에까지 가서는 벨을 눌러놓고는 자기 집 안방에 도착한 것으로 착각하여 대문에 옷을 걸어 두고 신발까지 벗어 두고 잤다는 등 여러 가지 해프닝이 있다. 하지만 술꾼들은 이런 것은 훈장쯤으로 치부한다. 그렇지만 술을 좋아하지 않는 사람의 입장에서 보면 추태다.

내가 술을 마신 역사로 치면 2등 하라면 서러울 정도다. 내가 자란 곳이 산골이고 당시만 하여도 농촌의 일은 모두가 사람의 힘으로 이루어지는 것이라 먹는 것이 일의 능률과 비례했다. 농사일을 할 때는 힘이 많이 드니 새참을 먹는다. 이때 새참 당번이 어린애들인데 내가 우리 집에서는 도맡아 하였다. 주로 선친의 새참 심부름인데 선친께서 술을 좋아하시어 술심부름이었다. 술심부름을 자주 하다 보니 호기심에 주전자에 입을 대고 홀짝거리기 시작한 것으로 술을 마시기 시작하였으니 반 세기쯤은 되어 간다. 다른 사람들은 술을 배운다고들 하는데 나는 술을 배운다는 것이 아무런 의미가 없는 것이었다. 술 마신다는 것은 밥 먹는 것처럼 당연한 것이고 생활이었기 때문이다. 그러다 보니 술에 대한 조심이나 법도와는 영 거리가 멀었으니, 다른 사람보다는 술로 인한 실수나 해프닝도 술 마신 경력만큼이나 많다.

해프닝이란 것은 남의 것을 들으면 재미가 있고 웃음으로 넘길 수 있지만, 그 주인공이 자신일 때는 그 말이 나오기만 하면 웃음거리가 되니 좌불안석인 것이다. 내게도 지워버리고 싶은 추태의 기억이 있다. 오래전의 일이다. 학교 직원들의 등산모임에서 남해금산에 1박 2일로 갔을 때다. 1박 2일의 코스라 등산 목적보다는 야유회에 더 비중을 두고 출발했다. 그러다 보니 남해로 향하는 버스 안에서 소주잔이 돌기 시작하였고 술을 마시지 않으면 등산할 수 없는 것처럼 마셨다. 그렇게 마시는 이면에는 자신의 건강에 대한 자신감에서 나오는 객기가 작용하기도 했다. 버스에서 이미 시작된 술판은 저녁 식사 때까지 계속 이어졌고, 저녁을 먹은 후엔 마침내 자신이 믿고 있는 육체의 힘이 본능처럼 자신의 몸무게를 겨우 지탱하는 처지가 되었다. 그 와중에 동료들 따라 근처의 해수욕장으로 이동하였다. 그동안 마신 술로 이미 주선酒仙이 된 마당에 여름이 채 떠나지 않은 해수욕장의 풍광은 말로 표현하기 어려울 정도로 술맛을 돋우는 것이었다. 그동안 마신 술은 이미 술이 술을 마시는 단계로 접어들었고, 대도에 통하고 자연과 합하니 그 호연지기라니. 그 호탕한 기분에 그나마 철석같이 믿은 육체의 힘마저 바닥이 나고 말았으니. 동료들에 떠밀려 숙소에 어떻게 온지도 모르게 와서는 그대로 인사불성이 되고 말았다. 덕분에 잠 한 번 잘 자고 아침에 일어나니 같이 잠자리를 하신 분들이 눈치를 살피면서, 넌지시 내게 묻는다.

"어젯밤에 무슨 일이 있었는지 몰라?"

밤에 잠만 잤는데 무슨 일이 있을까 하는 생각에 "잠만 잤는데 무슨 일이 있을라고."하고 예사로 대답하였다. 그러자 동료는 빤히 쳐다보면서 "정말로 모르나."하면서 하시는 말씀이 화장실을 잘못 찾아 방문에 방뇨를 하였고 그 후속 처리에 엄청 고생을 했다는 것이다. 술에 취해 자다 보니 집어넣었던 물이 넘쳐 무의식중에 일어나 둑의 배수구를 열었는데 방문을 화장실 문으로 착각한 것이리라. 또한 그 양이 어떠했으며 잠자다 갑작스런 오줌 세례로 얼마나 황당했을까. 그 소리를 듣고 나니 얼마나 얼굴이 화끈거렸는지. 민망함에 그 후로는 다시는 술을 마시지 않으리라 작정하였지만, 지금도 학산 김용호 선생의 노래처럼 어디든 멀찌감치 통한다는 길옆 주막을 찾기 위하여 같이할 사람을 종종 찾고, 수없이 많은 낯선 사람의 입술이 닿은 소주잔에 나도 입을 대고 있다. 아직도 술이 취하면 화장실 찾는 게 서툴지만, 진실이 부족한 세상에 그래도 주막의 잔술과 마주하는 시간만큼은 믿음이란 순수함이 있으므로 음주 후의 실수는 망우물과 같이 날려 보내고 믿음이란 아름다움을 나누는 즐거움을 같이한다.

무식이 다행

이솝우화 〈양치기 소년〉에서 만약, 양치기 소년이 제일 처음 늑대가 나타났다고 거짓말을 했을 때 우연하게 정말로 늑대가 나타났다면 어떻게 되었을까. 양치기 소년은 아마 영웅이 되었을 것이고 계속하여 그의 말에 신뢰가 보태졌을 것이다.

미네르바는 고대 로마신화에 나오는 지혜 · 공예의 여신으로 그리스신화의 여신 아테네와 동일시되며, 전쟁의 여신이기도 하여 군신軍神 마르스를 밀어낼 만큼 널리 숭배되었다고 한다. 이 여신의 이름과 같은 인터넷 아이디명인 미네르바는 인터넷 논객으로서 경제대통령으로 불리면서 대중의 신뢰를 얻었다. 그러나 경찰은 허위사실 유포 혐의로 체포하였다. 표현의 자유에 대한 전형적인 과잉대응이라고 지적하는 사람도 있지만, 경찰은 허위사실을 유포하여 혹세무민을 하였으니 당연히 책임을 져야하고 처벌을 받아야 된다고 구속하였다. 이 미네르바의 사건을 보면서 나는 오래전에 있었던 진주 남강으로 투신하여 용궁으로 직행할 뻔했던 아찔한 사건에 대한 생각을 떠올린다.

살다 보면 좋은 일도 궂은일도 다반사로 일어난다. 그 순간순간에는 아무것도 아닌 사소한 사건에 지나지 않지만, 한참이 지난 후 뒤돌아보면 그 순간의 사소한 일이 평생을 좌우하는 사건으로 된 것이 허다하다. 그 순간의 일을 잘 처리했더라면 내 인생이 달라질 수도 있을 것인데 하는 후회도 되고 어떤 것은 다행스럽기도 하고, 어떤 것은 그때 그게 잘못되었으면 어떻게 되었을까 하는 아찔한 일도 있다. 그 중에도 제법 많은 시간이 흘렀음에도 끔직하고 아찔한 사건 하나가 이 미네르바 건으로 하여 연상되었다. 한참이 지난 지금에도 그때 그 순간을 생각하면 등에 식은땀이 흐른다.

같은 사무실에 근무하는 직장 동료의 장인 상 조문을 위하여 진주에 갔을 때 일이다. 같이 근무하는 여직원 두 사람과 함께 갔었다. 같이 동행한 여직원 중 한 분의 시가媤家가 진주 근교라서 진주 지리에 대하여 어느 정도 알고 있다 하여 동행하게 된 것이다. 그래서 멀리 진주까지 가서 그냥 오기는 서운하고 진주의 별미인 진주 남강변의 장어구이라도 맛을 보아야 하겠다고 출발 전부터 작정하고 나섰다. 진주 시내 병원에서 조문을 마치고 남강변을 찾아 나섰다. 남강변을 따라 나있는 강변도로로 접어들기 직전 촉석루 입구 매표소가 있는 진주 성문 앞을 지나 돌아 나가는 곡선 도로에서 동행한 여직원에게 물었다. 직진을 하여야 할 것인지 돌아나가는 길로 가야되는지를. 그런데 그 직원이 직진을 해야 된다고 하는 것이다. 두세 번의 다짐을 받고 직진하려고 마음을 먹고 차를 몰고 있는데 가고자 하는 그 길의 중앙에 사람이 계속하여 올라오고 있는 것이 보이는 것이다. 차도 한복판으로 사람이 겁없이 계속 걸어온다는 것이 뭔가 찜찜하여 차를 천천히 몰면서 다시 확인해보니 남강으로 내려가는 계단인 것이었다. 가까스로 강변길을 따라 차를 몰고 돌아나가면서 얼마나 아찔하였는지. 한순간의 아찔함이었지만, 한참을 두고 가슴을 쓸어내렸고, 두고두고 그 생각이 나기만 하면 몸서리를 쳤다. 사실 그 여직원의 말에 대한 믿음이 어느 정도 있었다면 아마도 남강으로 바로 직행하여 논개열사의 뒤를 따라 장렬한 최후를 맞이하였을 것이고, 다음날 신문에는 틀림없이 두 여직원과 애정의 갈등으로 남강에 투신한 아무개의 이름이 대서특필 되었을 것이다. 당시 그 여직원의 말에 믿음이 없었던 것은 진주로 가는 차안의 대화에서 자신의 생각과 밖으로 터져 나오는 말이 계속 일치하지 않았기 때문이다. 그래서 길을 가면서도 몇 번인가를 확인하고도 미심쩍어하는데 그 계단으로 어떤 사람이 올라왔기 망정이지 아니면 그대로 남강의 용궁으로 직행하였을 것이다.

미네르바의 말이 어느 정도는 신뢰가 되지만, 만약에 잘못된 전망이라면 수많은 사람을 남강으로 투신케 하는 결과를 초래할 수도 있다는 지나친 생각이 들기도 해서 그런지 그 생각이 불현듯 난 것이다. 그리고 비록 사실일지라도 다중이 모인 극장에서 화재가 났을 경우에 아무런 대책 없이 무조건 "불이야!"하고 고함을 치는 것과 같은 처신은 생각해 볼 일이다. 아마 밖으로 나가기 위한 혼란으로 불로 인한 피해보다는 안전사고가 더 많을 수도 있을 것이기 때문이다.

식자우환이란 옛말이 있듯이 안다는 것과 처신한다는 것은 별개의 문제다. 가끔은 아는 체하고 싶은 것이 사람의 심보이고 보니 나도 정확히 알지도 못하고 아는 체하여 더러 곁의 사람들에게 피해도 입혔을 것이다. 그렇지만 아는 바가 별반 없고 중요한 것도 없으니 믿는 사람에게 치명적인 것은 없고 기분만 상하게 했을 것이니 무식이 불행 중 다행이다.

바다의 땅

파도가 끊임없이 밀려왔다 갔다 한다. 그런 파도를 무심히 앉아 보고 있다. 파도가 밀려오고 나가고 하는 것을 지켜보고 있노라면 시간의 흐름도 정지된 것 같아 마음도 심연으로 내려앉는다. 파도는 끊임없이 철석거리면서 육지의 피부를 할퀴어 살점을 조금씩 떼어 가기도 한다. 바다는 파도가 할퀸 육지의 살과 바다가 되고자 육지의 여행을 마친 강물의 몸뚱이에 묻어있는 땅의 부스러기를 삼키고 있다가 파랑이 적은 곳에다 조금씩 토해 놓는다. 이렇게 만들어진 이 땅을 바다의 땅으로 삼았다. 바다는 자신의 땅을 지키기 위하여 하루에 두 번씩은 이 땅위를 다녀간다. 바다가 이 땅에 매일같이 다녀가는 것은 여기는 내 땅 내 터전으로 육지에 살고 있는 너희들은 들어오지 말라는 경고이기도 하다. 그리고 그 땅을 지키는 바다의 자손들을 보낸다. 조개를 비롯하여 낙지, 갯지렁이, 게 등이 그들이다. 어부들은 바다의 자손을 거두어 생활하기도 한다. 어부들이 아무리 잡아들여도 결코 바다의 자손들의 씨를 말리지 못한다. 바다가 넓고 큰 만큼 그 자손도 번창하기 때문이다.

내 자란 곳은 산골이지만, 멀지 않은 곳에 바다가 있었다. 당시엔 생활이 자급자족의 범주를 넘지 못했다. 농사를 짓고 채소를 가꾸어 식을 해결했다. 봄이면 산에서 나물을 채취하여 반찬을 하기도 했고 더러는 10여 리 떨어진 갯가에서 바지락 등을 채취하거나 게를 잡아 찬을 마련하기도 했다. 그때 갯가에 가면 갯벌을 논밭처럼 구분해 두고 갯벌의 주인이 따로 있었다. 우리가 조개 등을 잡는 곳은 주인이 없는 곳이다. 갯벌을 구분하여 주인이 있다는 것이 신기하기도 하고 이상하기도 했다. 그러면서 조그마한 갯벌의 조각에서 농사와 비교할 수 없을 정도의 엄청난 경제적 이익이 생기는 것을 보았다. 농사는 농민이 씨를 뿌리고 가꾸고 하여 1년에 한 번 아니면 2번의 수확이 고작이다. 하지만 갯벌에서는 어부가 따로 씨를 뿌릴 필요도 없다. 씨를 뿌리고 가꾸는 것은 이 땅의 실제 주인인 바다가 하기 때문이다. 그러니 어부는 수확만 하면 되었고 수확도 1년에 한두 번이 아니고 사시장철 할 수 있었다. 그러니 갯벌의 생산성이 논밭의 생산성과는 비교가 될 수 있겠는가.

갯벌은 바다가 태고부터 조금씩 만들어 온 바다의 땅이다. 그러니 사람이 만든 농토와는 효율 면에서 비교가 안 되는 것은 당연하다 할 것이다. 이런 바다의 땅을 사람들이 땅이 모자란다 하여 마구 침입하여 바다의 땅이 소실되어 가고 있다. 오랫동안 바다가 가꾼 땅을 사람은 한순간에 점령하여 육지로 만들어 버린다. 그러면 그곳에 터전을 잡은 바다의 자손들도 한순간에 몰살이 되는 것이다. 그렇게 하더라도 그 땅을 빼앗은 사람들에게 바다의 땅일 때보다는 이문이 훨씬 많이 남으면 사람의 입장에서 다소나마 그런 대로 명분이 설 수도 있을 것 같다.

우리의 소리를 찾으러 진도를 찾은 적이 있었다. 같이 동행한 사람이 진도가 고향이라 여러 가지 문화를 접할 수 있어 먼 길이 멀지만은 않았다. 진도에서 1박을 하고 아침을 먹으러 식당에 갔다. 물론 식당은 미리 소개받은 곳이었다. 추어탕이 추천 메뉴였다. 하지만 음식으로 이름이 난 곳인지라 여러 가지 반찬이 나왔다. 그 중에 토하젓과 게젓이 있었다. 부산의 중앙동 어느 음식점에서 처음 토하젓을 맛보고는 밥의 양을 조절하지 못한 탓에 그날 저녁 어기적거리면서 걸음을 걸은 적이 있었다. 그런데 이번에는 토하젓을 제쳐두고 게젓에 완전히 반해버렸다. 게장에 밥을 비벼 먹다 보니 조그만 더 조그만 더 하다 밥공기를 두 개나 비우고 나니 일어날 수가 없었다. 동행의 어릴 적 얘기다. 이 게장은 갯벌에 널려 있는 조그마한 게들을 잡아 절구통에 빻아서 젓갈로 만든다고 한다. 그런데 지금은 그 넓고 넓은 갯벌을 막아 농토로 만들어 이걸 먹기가 쉽지 않다고 한다.

돌아오는 길에 바다의 땅을 빼앗아 만든 넓고 넓은 옥토에 벼가 넘실대고 있는 좋은 풍경이 사람의 탐욕으로 번들거리는 것 같았다. 농사지을 땅이라면 굳이 바다가 평생을 투자해 만들어 놓은 이 땅을 빼앗지 않아도 될 것인데. 저 청정 갯벌에 철퍼덕 주저앉아 조개도 잡고 게도 잡고 하면서 아이들이랑 같이 뒹구는 것만으로도 농사짓는 것보다 백 번 나을 것 같은데. 세상사 알 수 없는 것도 많고 많지만, 이런 것은 빤한 계산임에도 불구하고 이런 일을 하는 것을 보면 황금 알을 낳는 닭을 잡아먹는 것과 같은 이치로 보인다. 제 하나 욕심에 세상이 어떻게 변하더라도 우선 자신의 이익부터 챙기는 것이 보통 사람의 심보니 탓이야 할 수 없지만, 그래도 갯벌이 그리워진다. 저녁노을이 내리는 갯가에 앉아 소주 한 잔 들이키면서 갯벌에서 막 잡아 올린 낙지를 통째로 씹어 먹으면 술맛이 제대로 날 것 같은데. 남는 것도 없고 뼈 빠지게 일만해야 하는 농사나 지으려고 술 맛을 버렸다니.

바람

취구吹口를 통하여 연주자가 바람을 불어넣으면서 여섯 개의 지공指孔을 손가락으로 막고 떼고 하여 바람이 나가는 길을 조종한다. 연주자의 입 바람이 연주자가 의도하는 구멍으로 나가면서 끊어질 듯 끊어질 듯 가락이 이어지면서 듣고 있는 사람의 애간장을 녹인다.

대금 연주자가 코나 입으로 들이마신 공기를 대나무의 구멍(취구)으로 불어넣어 대나무에 뚫어 놓은 구멍(지공)을 지나 본래의 자리로 되돌아갈 뿐인데 심금을 울리는 소리가 나오는 것이다. 그 소리는 대통 자체가 지니고 있는 음을 연주자가 바람을 매개로 하여 자신의 오랜 수련으로 터득한 기교로 만들어질 것이다. 음은 바람의 흔적이다.

바람은 공기의 이동이다. 바람이란 것은 어떤 실체가 있는 것은 아니다. 자연에서 바람은 기압차로 생긴다. 기압이 높은 곳에서 낮은 곳으로 공기가 이동하는 것이다. 과학적으로 벡터 량이므로 공기가 이동하는 힘과 방향을 의미하는 것이니 바람의 본질은 이동과 변화다. 그러니 바람은 실체가 없는 허공이고 무無이므로 소리가 없다. 내가 애창하기도 하는 〈숨어 우는 바람 소리〉는 존재하지 않는다. 하지만 사람들은 바람을 소리로 인식하고 있다. 실체가 없으니 흔적으로 인식하는 것일 게다. 바람은 어떤 사물이든 간에 스치면 소리를 내게 한다. 바람이 스치면 모든 사물은 본질의 음을 낸다. 언젠가는 바람이 되어야 된다는 사실을 알고 있기에 내는 소리인지도 모른다. 습기를 머금고 있는 물체는 아직 바람이 될 준비가 되지 않아서 둔탁하고 무거운 저음의 소리를 낸다. 습기가 적을수록 소리는 맑고 가벼워진다. 소리가 맑고 가벼워진다는 것은 세상에 대한 욕심과 미련이 줄어들어서 언제든 떠날 준비가 되어 있는 것 같다는 생각이다. 가을엔 바람이 될 준비를 마친 습기 빠진 억새의 잎새가 바람에 부대끼며 내는 영혼의 떨림 같은 맑은 소리를 들으면서 바람이 어떻게 될 것인가를 생각해 본다.

세상의 만물은 스스로 소리를 낼 수 없지만 바람이 스치면 어떤 소리든 낸다. 만물이 원래의 자리로 돌아갈 채비를 하는 가을엔 건조하고 가볍게 스치는 바람이 있어 억새의 소리가 좋다. 봄엔 따뜻한 남풍에 꽃향기가 묻어 있고 새순이 살랑대는 소리가 좋고, 여름엔 세상을 날려보낼 듯이 부는 태풍에 세상이 우는 소리가 있어 좋고, 겨울엔 한풍에 전깃줄의 금속성 울음이 있어 좋다. 연주자가 바람의 양과 질을 다스리는 기교에 따라 소리가 달라지듯 만물도 바람의 정도와 성질에 따라 소리가 달라진다. 하지만 바람이 스칠 때 어떤 개체가 자체의 소리를 내지 못하면 이미 본질성이 파괴되었다고 할 수 있다. 본질성이 훼손된 몸체는 바람을 따라 나서 바람이 된다. 바람이 되는 것을 흔히들 세월이라 한다.

모든 사물은 자신의 내부에 떠나고 싶은 본질이 내재되어 있는 것 같다. 바람이 스치기만 하면 내재된 바람기가 발동을 하여 들뜨기 시작하고 외피부터 바람이 되어 간다. 모든 사물에 바람이 들면 들떠 부풀어오른다. 그러면 분자들의 단단한 응집력은 떨어져 농도가 묽게 되고, 접착성이 떨어져 종래에는 바람따라 떠나는 바람이 된다.

사람에게도 바람이 든다. 사람에게는 마음에 드는 바람과 몸에 드는 바람이 있다. 몸에 드는 바람은 다른 물체와 마찬가지로 내구연수가 다 되어 세상에서 역할이 끝나 바람이 되어가는 것을 말한다. 반면, 마음에 드는 바람은 육체에는 영향을 미치지 못하지만, 들뜨기는 마찬가지이다. 바람이란 것이 원래 이동이 그 근본이라 마음에도 바람이 들면 한곳에 머물지 못하고 어디든 떠나야 하는 것이다. 일단 마음에 바람이 들기만 하면 앞뒤를 가리지 못하고 기분에 좌우된다. 그리고 길을 떠난다.

그 길의 끝이 무엇이든지 그건 관심 밖이다. 단지 떠날 뿐이다. 사랑도 되고, 불륜도 된다. 누구든 바람이 들기는 마찬가지이다. 다만 정도에서 차이가 날 뿐이다. 흔하지 않지만, 바람 자체가 된 사람도 있다. 김삿갓이 그랬고, 김시습이 그랬다. 내 이웃에도 바람인 사람이 있어 70평생을 아직 정착하지 못하고 떠돌고 있는 사람도 있다.

그리고 세상 어디에도 얽매이지 않고 그물에 걸리지 않는 바람처럼 살다간 사람도 있다. 이런 사람은 생生도 없고 사死도 없고 바람이 원래 허공인 것처럼 오지도 않았고 가지도 않는다. 있는 그대로 "산은 산이요 물은 물이다."이다.

집엔 요즘 아내와 나만 있다. 그래서 삶의 무게가 제법 가벼워졌음을 느낀다. 가벼워졌다는 것은 바람을 탈 수 있다는 것이다. 이제는 습기를 버린 대통처럼 맑은 소리로 내 자신이 지닌 본래의 소리로 울릴 때가 된 것이다. 어느 한순간도 물질에 자유롭지 못하였고, 사람과 사람 사이의 간격을 인정하지 못해 가슴이 소금밭으로 버석거리며 살아왔다. 부질없는 욕심과 투기로 항시 시장 바닥같이 소란스런 생활에서 벗어나 본래의 모습에 다가갈 여유가 생긴 것이다. 그리고 언젠가는 바람일 것이다.

불식不識

아는 것이 없는 것을 보통 무식無識이라 칭한다. 그런데 사람의 알음알이를 나타내는 한문인 식識의 앞에 부정의 의미를 가지는 불不이 있으면 어떤 의미가 될까?

동곡 최진호 교수의 수필집 ≪색즉시공 공즉시색≫의 출판 기념회에 참석한 일이 있었다. 그 자리에는 출간을 축하하기 위하여 참석한 지역 문사와 불교 신도들이 많이 있었다. 그날 출판기념식의 마지막은 출간된 책에 삽화를 그린 양산통도사 축서암 수안 스님의 축하 법문이었다. 법문은 가곡 〈성불사〉를 청아한 음성으로 우렁차게 부른 것으로 끝이 났다. 내가 들었던 법문 중에서 가장 인상이 깊었고 멋이 있었다. 출판 기념회를 마치고 스님께서 사인회를 가졌는데 나는 스님의 법문에 반해

법력이 높으신 스님의 글을 하나 받으면 액운이 없어져 복이 들어오리라는 세속의 욕심과 무슨 글이나 그림을 남겨 주실까 하는 기대로 한참 줄을 서서 기다렸다. 기다리면서 스님께서 사인하시는 것을 보니 사인받는 사람의 얼굴을 한 번 슬쩍 보고는 사람마다 각기 다른 그림과 글을 남기는 것이었다. 아마 사람에 따라 근기에 맞는 법문을 하시는 것 같은데 무지한 중생이 알지 못하고 그저 복이나 바라는 마음뿐이다. 한참 기다리니 내 차례가 되었다. 스님께서 붓에 먹을 잔뜩 묻혀 좌선하는 선화에 불식不識이라는 글자를 남기셨다. 그림으로 보아 불식을 화두로 삼아 사람 좀 되라는 의미인 것 같기도 한데 스님의 의중을 내가 그 어구만 가지고 해석한다는 것은 맞지 않을 것 같다. 그리고 불식이란 말이 무슨 의미인지도 모르고 있었다. 무식이면 무식이지 불식은 무슨 말인가 싶어 그 어원을 찾아보았다. 불식이란 말은 선종의 초조인 달마대사와 양梁의 무제武帝 간의 대화 중에 나온 말이었다. 무제가 자신의 불교 외호外護 경력을 거론하며 "어느 정도 공덕이 있느냐?"하고 물었다. 그러자 대사는 "무공덕無功德"이라고 대답을 하였다. 황제는 기분도 상하고 감히 황제에게 그딴 대답을 할 수 있나 싶어 놀라기도 해서 다시 대사에게 물었다. "당신은 누구냐?" 그때 달마대사의 대답이 바로 "모릅니다(不識)."이었다. 그 후 대사는 소림사에서 9년 면벽좌선에 들어갔다고 전해진다. 어원을 알고 보니 스님께서 참 대단하다는 생각이 든다. 어떻게 슬쩍 한 번 쳐다보고는 같잖은 알음알이로 세상을 다 알고 있는 것처럼 허세를 부리고 다니는 것을 단번에 알았는지 모르겠다. 아마 촐랑거리고 다니는 것이 스님의 혜안에 선하니 까불지 말고 좀 신중히 처신하라고 하는 경구로 주신 것이란 생각이 드니 부끄럽다.

≪임제록臨濟錄≫에 이런 구절이 있다. "법다운 견해를 얻으려면 남에게 혹란당하지 않으면 된다. 안으로나 바깥으로 마주치는 대로 죽이라. 부처를 만나면 부처를 죽이고, 조사를 만나면 조사를 죽이고, 나한을 만나면 나한을 죽이고, 부모를 만나면 부모를 죽이며, 친척 · 권속을 만나면 친척 · 권속을 죽여야만 비로소 해탈하여 사물에 구애받지 않고 투철히 벗어나 자유자재하다." 불교의 선종에서는 식을 버려야 할 대상으로 판단하는 것 같다. 식이란 우물의 아가리 정도로 우물 안에서 보면 우물 밖으로 보이는 세상은 우물 아가리의 범위에 지나지 않는 것과 마찬가지로 자신이 지닌 식으로부터 자유롭지 않으면 그 범위를 넘지 못하니 모든 것을 버려야 된다는 의미로 받아들여진다. 선종의 육조 혜능대사는 무지한 나무꾼으로 어느 날 탁발승이 외우는 금강경에 반하여 불교에 귀의하고자 오조 홍인대사를 찾아 나선다. 오조 홍인대사 아래서 행자로 8개월간 방아를 찧다가 어느 날 밤중에 조실祖室에서 〈금강경〉의 "마땅히 머문 바가 없이 그 마음이 난다(應無所住而生其心)."는 말끝에 깨치고 홍인대사의 수제자인 박학다식한 오백대중의 교수사教授師인 신수神秀대사를 제치고 선종의 정통 계승자가 되어 육대조가

된다. 이와 같이 선종에 있어 중요한 것은 얼마나 많이 알고 있나가 아니라 깨치는 것이 중요한 것 같다.

내가 어릴 때 보았던 바다는 마산 앞바다가 전부였다. 〈가고파〉에 나오는 "그 파란 물 눈에 어리네."의 마산 앞바다는 길쭉하게 육지로 둘러싸여 있고 큰 바다와 연결되는 곳은 물목이 좁다랗다. 그러니 파도가 거의 없는 편이고 호수 같았다. 그때 생각으로 바다도 한 바다로 나가기 전에는 강처럼 저렇게 생겼구나 하는 생각이었다. 그러다 부산에 와서 보니 바다가 육지로부터 바로 망망대해가 시작되는 것을 알았으니 참으로 어리석다고 할까 모자란다고나 할까. 어찌되었건 정도의 차이는 있겠지만, 사람마다 자신의 지식이나 경험의 범위 내에서 사물을 보는 눈이나 생각이 결정될 수밖에 없을 것이다. 그러니 남의 행동이나 사고가 자신과 다를 때는 이해가 되지 않는 것이다. 그래서 역지사지易地思之란 말이 생겼는지 모르지만, 남을 이해한다는 것이 쉽지만은 않은 것 같다.

언젠가 만두를 사러간 적이 있었다. 마침 만두 가게 남자 주인이 가게 밖에 있기에 무심코 "이 집 만두가 맛이 있느냐."는 식으로 물어봤다. 그러자 주인이 별 희한한 사람도 다 보겠다는 듯이 빤히 쳐다보고는 대답을 하지 않는 것이다. 당시는 왜 그 양반이 대답을 하지 않는지 의아심을 가지고 지나쳤다. 한참 시간이 지나 생각을 해보니 만두 가게 주인에게 만두가 맛이 있느냐고 한 질문은 얼마나 황당한 질문인가. 사람이 그 정도의 사리는 충분히 알 수 있을 것인데. 나는 그것을 아는 데 한참이나 생각을 하고 시간이 지나서야 알았다.

그러고 보면 나라는 사람의 인식의 범위도 문제가 될 수 있다. 그러니 스님께서 불식이란 말을 주었는지 모르지만, 불교의 선종에서는 그런 오십 보 백 보 정도의 생각을 뛰어넘어 넓고 넓은 세상을 똑바로 보라는 의미로 하신 경구일 것 같다. 그렇지만 우리 같은 중생이야 그렇게 넓은 세상을 본들 무엇할 것이며, 못 본들 어떻겠는가. 그렇지만 그저 하찮은 식識으로 아무것에나 자신의 잣대를 들이대어 맞니 안 맞니 하여 이웃 사람들의 가슴에 못이나 박지 않았으면 하는 바람이다.

꿈꾸는 누드

아침, 테니스장에는 노장 남자 둘과 중년의 여자 둘이 복식 경기를 하고 있었다. 성 대결이다. 남자는 나이와 관계없이 남녀 대결에서 여자에게 훈수를 하게 마련이다. 그리고 여자 편이 잘하면 괜히 기분이 좋아진다. 진행 중인 경기에서 남자 편이 밀리어 공을 공중으로 올려 겨우 여자 쪽 코트로 넘기고 있었다. 남자 선수와 동년배의 노장 구경꾼이 신이 나서 들뜬 목소리로 지나치다 싶은 훈수의 말을 큰소리로 외친다.

"조지 삐라!"

'조지라.'는 말은 뜬 공을 스매싱으로 처리하여 끝을 내라는 의미로 한 것이다.

그 말을 들은 여자 선수가 경기 중에 샐쭉하면서 한 마디 한다.

"뭐가 있어야 조지지."

자신의 테니스 실력으로는 처리할 만한 능력이 없다는 말이다. 그런데 그 말을 하는 사람이 여자이면 얘기하고자 하는 의도와 조금 달리 묘한 성적인 뉘앙스를 풍긴다.

음담은 시중에서 하는 말로는 '와이 담'이다. 우리나라 사람들은 성에 관하여 말하는 것을 천박하게 생각하고 금기시한다. 하지만 친한 사람이 모여 가는 관광버스 여행의 여가에는 가장 적격인 얘깃거리이기도 하고, 여럿이 모여 아무 부담 없이 담소만 즐기는 자리엔 이런 얘기가 있어야 맛깔스럽고 즐거운 자리가 되는 것이다. 이런 얘기를 잘하는 입담 좋은 사람이 있으면 금상첨화라 자리가 화기애애하고 웃음소리가 높다. 그리고 전문 얘기꾼은 '와이 담'을 채집하여 기록해 두었다가, 기회가 주어지기만 하면 자신의 실력을 유감없이 발휘하여 자리를 리드하면서 여러 사람들에게 즐거움을 선사하기도 한다.

성은 천박한 행위라기보다는 종족 보존을 위한 중요한 일일 것이다. 그러니 우리나라에서 천박하게 여기고 말로 표현하는 것을 금기시하는 것은 예로부터 내려왔던 것은 아닐 것이다. 신라시대는 골품제도 때문에 삼촌과 결혼하기도 했고, 〈처용가〉를 미루어 보아도 조금은 자유분방하였던 것이 아닌가 싶기도 하다. 고려 후기에 문란한 성에 대해 개탄하는 글이 있는 것으로 보아 금기시하지는 않았을 것이라는 짐작이 가능하다. 아마 조선시대에 성리학을 국가 이념으로 삼으면서부터 지금은

'남여칠세자동석'으로 바뀌어졌지만 '남녀칠세부동석'이란 말과 같이 성에 대하여 대단히 지나친 도덕적 기준을 요구했던 것이 아닌가 싶어진다. 그래서 성에 대한 얘기를 하는 사람을 천박하게 생각하는 것이라는 아마추어적인 짐작을 해본다. 그리고 성에 관한 것은 개인적인 문제이지, 국가나 사회가 책임을 질 일은 아닐 것이다. 그런 의미에서 충청도 아줌마의 항변이 정답일 것이다.

불륜을 왜 저질렀느냐는 경찰관의 질문에

"있는 줄 알면서 달래는데 안 줄 수 있는감요." 간통죄로 구속이 된다는 경찰관의 설명에

"언제부터 국가가 사유재산까지 책임을 졌는감."

테니스를 한 지가 어언 한 이십여 년이나 되고 아내도 같이하고 있다. 그래서 부부 테니스 클럽에 가입하고 함께 즐긴다. 부부간의 테니스 경기는 회원 간의 친목도모도 중요하지만, 부부간의 애정에도 한몫을 하여 좋다. 부부 클럽은 남녀 혼합 복식으로 주로 경기를 한다. 부부간에 대개는 적으로 만나게 되어 있다. 부부 클럽의 경기 중에 나눌 수 있는 일상적인 대화의 편린이다.

상대편으로 있는 부인이 제대로 리시브할 자세도 잡지 않을 때 남편이 급히 서브를 하면 부인이 불평을 한 마디 하는 것이다.

"서거든 넣어라!"

받을 준비가 되었을 때 서브를 넣어야 되는데 미리 넣어 리시버를 할 수 없다는 불평인데, 그 핑계로 잠자리의 능력 부족에

대한 불만까지 표출하는지 모른다. 구경꾼의 귀에는 뒷부분만 들리어 '좀 잘 넣지.' 하면서 히히덕거린다.

어떤 경우엔 남편이 코트 밖에서 부인이 경기를 하는 것을 보고 있자니, 상대가 치기 어렵게 하려고 비틀어 쳐서 스스로 에러를 내어 포인트를 당하고 있으니 남편이 안타까워 훈수라고 한 말이 이렇다.

"똑바로 대주라!"

이러면 같이 있는 구경꾼들도 같은 말을 반복하면서 놀린다.

부부간의 테니스경기에서 생각 나름으로 성과 관계되는 말을 은근슬쩍 주고받으면서 웃음과 함께 스트레스도 풀고 즐기면서 애정도 돈운다. 그렇게 은근하게 나누는 성에 대한 대화가 저질의 음담패설이 되어 기분을 상하게 하기보다는 웃음과 행복으로 채우는 것이다. 그래서 부부 테니스 클럽이 좋은가 보다.

> 호롱불의 누드를 더듬고 핥고/ 회오리바람처럼 엉키고/ 그게 엉켜 자라는 걸 알고 싶고/ 섹스보다도 섹스 후의/ 갓 빤 빨래 같은 잠이 준비하는 새날/ 새 아침을 맞으며/ 베란다에서 새의 노랫소리를 듣고/ 승강이도 벌이면서 함께 숨 쉬고 일하고/ 당신을 만나 평화로운 양이 됐다고/ 고맙다고/
>
> — 신경림의 〈꿈꾸는 누드〉에서

빈방

텔레비전을 보면서 눈물을 찔끔거리자, 곁에 있는 아내가 한심스럽다는 듯이 한마디 한다.

"당신 참! 요새 왜 그리 약해졌어."

아내의 말이 아니더라도 요즘 별 일 아닌 것을 가지고도 감격하고 눈가에 이슬이 자주 맺힌다. 세월 탓으로 돌려 보지만 주책이라는 생각이 든다. 가끔은 시도 때도 없이 찔끔대는 것이 조금은 남세스럽기도 하고 나잇값도 못하는 것 같기도 하지만, 어떻게 고칠 수 있는 성질도 아니라 그냥 그대로 지낸다. 텔레비전에서는 외국에 입양된 자식과 그 어머니가 만나는 장면이 방영되고 있다. 어머니의 애끓는 말이 가슴을 친다.

"아들아! 미안하다."

가난 때문에 버릴 수밖에 없었던 자식. 그 자식이 장성하여 자신을 낳았기도 하고 버리기도 한 어머니를 찾게 되어 만나고 있다. 어쩔 수 없었다고는 하지만, 버린 자식에 대한 미안함과 자식을 버린 어미의 아픔이 텔레비전의 화면에서 그대로 전해 온다. 아내 몰래 또 눈물을 슬쩍 찍어낸다.

어미와 자식의 이별을 흔히들 단장斷腸의 아픔에 비유한다. 단장斷腸이란 말은 슬픔과 분노가 극에 달하여 창자가 끊어지는 극한의 아픔을 의미한다. 이 말은 세설신어世說新語의 출면편黜免篇에 나오는 얘기로 동진東晋의 무인 환온桓溫이 촉나라로 가는 도중의 일이다. 배를 타고 양자강을 거슬러 올라가는데 삼협三峽에서 배가 잠시 정박하는 사이 일행 중 한 사람이 원숭이 새끼를 붙잡아 왔다. 배가 출항하자 어미가 울부짖으며 배를 따라 강 언덕을 달리기를 100여 리, 마침내 배 위로 뛰어들더니 그대로 숨이 끊어졌다. 그 뱃속을 갈라보니 창자가 모두 마디마디 끊어져 있었다는 고사에서 유래된 말이다. 짐승도 그럴진대 사람이야 그 아픔이 오죽할까.

방문을 열고 들어서니 찬 기운이 안개처럼 몸을 휘감는다. 아직도 떠나지 못한 여름이 있을 것인데 방안은 왠지 썰렁하다. 일어서는 하루에 어둠이 힘을 잃어 가고 있다. 열어지는 어둠 속에서 방 여기저기 놓여있는 물건들을 본다. 침대, 옷장, 책걸상을 비롯한 가구들과 책, 컴퓨터, 이불 등 아들놈이 평소 사용하던 물건들도 예전과 마찬가지로 그 자리에 변함없이 방을 채우고 있다. 그래도 빈방이다. 그 물건을 쓸 사람이 없기 때문이다. 사람이 없으면 그 물건들은 존재 가치를 상실한 채 버려져 있을 뿐이다. 방은 차갑게 식어 있었다. 주인을 잃어버린 가구와 용품들. 그것들에게서 따뜻함을 느낄 수는 없었다. 주인의 온기만이 그것들에게 활력을 불어넣을 수 있을 것이다. 냉기로 가라앉은 방에서 머물 이유도 없지만, 아쉬운 듯이 슬며시 몸을 빼낸다. 방문 밖에서 다시 침대를 힐끗 쳐다본다. 엊그제만 하여도 그 자리에 아들놈이 널브러져 누워 자고 있었다. 지금은 연무대 어느 막사에서 훈련동료들과 함께 고단한 몸을 누이고 있을 것이다. 두 번째 입대다. 3년 전이었다. 공군에 입대한 적이 있었다. 아내와 내가 아들을 공군훈련소에 남겨두고 눈을 붉히면서 돌아왔다. 그리고 빈방을 며칠간 보면서 "잘하겠지."하고 빌었다. 입대한 아들이 일주일 만에 돌아왔다. 그 황당함이라니. 이미 그전에 왔지만, 집으로 바로 오지 못하고 친구네 집에 머물다 집으로 온 것이었다. 저혈압이 이유였다. 그리고는 군에 갈 생각을 아예 하질 않는 것이었다. 이미 군 맛을 보았던 터라 재미가 없다는 것을 알고 있었다. 시간만 나면 닦달을 해보지만 요지부동이다. 군이 좋은 곳이라면 우격다짐이라도 해서 보낼 수 있을 것인데 그게 마음대로 할 수 없는 일. 제 친구들이 제대했거나 제대할 무렵에 지원병으로 입대하게 되었다. 못 보내서 그렇게 안달했던 군 입대인데 논산 연무대에 아들을 남겨두고 오는 길에 또 눈물을 뿌렸다. 그리고 혹시나 하는 생각에 며칠을 마음 졸이면서 보냈다. 입대 후 열흘쯤 후인가 입고 갔던 옷가지와 함께 편지가 왔다.

"불편하지만 할만 하다고."

그제야 마음이 놓였다. 이제는 정말 군인이 되었구나.

나는 일찍 자는 편이라 애들의 귀가 전에 보통은 잠자리에 든다. 그래서 밤중에 일어나거나 화장실에 가거나 하면 버릇처럼 애들 방을 둘러본다. 아들 방은 화장실 맞은편에 있다. 새벽에 일어나 아들이 있기나 한 것처럼 방문을 슬쩍 열어본다. 빈방. 냉기만이 넘친다. 그리고 그놈이 고생할 생각에 절로 가슴이 짠해진다. 그러다 갑자기 비수에 손끝을 베인 것 같은 섬뜩한 아픔이 느껴진다. 아! 나도 아들이었구나. 내게도 어머니, 아버지가 계셨었구나. 가슴 밑바닥에서 뜨거운 불기둥이 쑥 솟아오르면서 주책스럽게 울컥 또 눈물이 난다. 이미 안 계신 것을. 한 번만이라도 잘 모셔 봤더라면.

저녁, 막내동서로부터 전화가 왔다. 장인 장모님을 모시고 저녁이나 하자고. 이미 했던 술 약속도 팽개치고 한달음에 달려갔다. 그리고 오랜만에 기분 좋게 술을 거나하게 했다. 장인 장모님을 모시는 것은 결국엔 핑계가 되고 동서 둘이서 회포만 풀었다. 자식으로 효도란 것은 아마도 내게는 버거운 것인가 보다.

삼지창을 아시나요?

"분명 이 소나무 밑에 묻었는데."

"분명히 여긴데."

혼자서 중얼거리며 수십 번을 소나무 주위를 맴돌고 있는 아이의 머리 위로 유월의 뜨거운 햇살이 내리고 있다. 광목천을 재봉틀로 대충 기워 만든 팬티에 러닝만 입고 있는 아이의 얼굴이나 몸은 여름내 햇살에 노출된 탓으로 외국 영화에 나오는 흑인의 모습이다. 뭔가를 찾기 위하여 소나무 주위의 땅을 내려다보며 계속 돌고 있는 아이의 까만 얼굴 위로 땀인지 눈물인지 모를 물기가 끊임없이 흘러내리고 있다. 나무 주변을 돌며 땅을 내려다보는 아이의 눈에는 애절함이 깊이 배어 있다. 오늘이 세 번째이다. 이미 두 번이나 와서 찾았지만 찾질 못했다. 삼세 번이라 이

번에는 어떻게든 찾겠다고 작정을 하고 왔지만, 아무리 나무를 돌고 찾아보아도 찾는 물건이 나오지 않자 아이의 입이 실룩거린다. 눈물은 이미 흘러내리고 있었지만, 어떻게든 울음을 참기 위하여 앙다물고 있는 입이 장대비에 둑이 터지듯 벌어진다. 포기를 결정해야만 되는 억울함이 기어이 단말마의 소리로 터진다.

"어아앙."

가슴 밑바닥에서 울려나오는 그 울음은 심봉사가 공양미 삼백 석에 팔려가는 심청이를 보낼 때보다 더 섧다. 그 설운 울음을 안고 유월의 땡볕을 받으면서 한용운이 소록도 가는 걸음으로 들판 길을 걸어 집으로 되돌아가고 있다.

≪서유기≫에 나오는 저팔계가 사용하는 무기가 삼지창이다. 힘은 세지만, 머리가 명석하지 못한 편인 저팔계에겐 기술이 필요한 창이나 칼보다는 힘만으로 사용할 수 있는 삼지창이 제격일 것이다. 내가 태어난 것이 육이오 전쟁이 발발한 이듬해이다. 그래서 내 동갑들이 어릴 때 잘 먹고 잘 지냈다는 사람을 본 적이 거의 없다. 전쟁 중에 본의 아니게 태어났을 것이다. 더러는 자식의 대접도 못 받고 자랐다. 자신들의 허기를 면하기도 쉽지 않은데 어쩌다 생긴 애까지 보살필 여력이 없을 것이니, 어쩌면 애물단지로 자랐을 것이다. 그것도 자손이 귀한 집안이라면 형편에 구애받지 않고 귀한 자식으로 보살핌을 받았겠지만, 위로 형님이 줄줄이 있으면 천덕꾸러기일 수밖에 없다.

"명 길면 살것지."하는 어른들의 말씀 따라 생존 여부는 순전히 하늘의 뜻이었다. 누가 돌봐줄 형편도 아니니 제가 알아서 자라야 되므로 홀랑 벗은 맨몸으로 마당에 제 마음대로 기어다니면서 먹을 것 안 먹을 것 마구 집어먹는 것이다. 세 살 때 자외선이 여든까지 간다는 말이 있듯이 그때 많이 타서 그런지 지금도 피부 빛깔이 검다.

휴일 아침. 테니스 경기를 마치고는 으레 막걸리 한 잔을 하면서 기분을 푼다. 아마 그 재미로 죽자 사자 테니스를 하러 나가는지 모르겠다. 기분 풀려고 간단히 마시는 술이지만 취기는 언제나 넘친다. 그러면 할 말 안할 말 하게 된다. 남자들이 모이기만 하는 레퍼토리가 군대얘기이거나 아니면 어릴 때의 고생담이다. 어느 날인가 막걸리잔을 나누다 법원에 근무하는 동갑내기 이 과장이 느닷없이 묻는다.

"야!, 너거 삼지창 뭔지 아나."

"뭐긴 뭐냐, 저팔계가 가지고 다니는 것이지."

막내로 태어난 그도 어릴 때 홀랑 벗은 채로 마당을 기어다니면서 먹을 것 안 먹을 것 마구 먹고 다녔던 것이다. 자기 집과는 멀리 떨어지지 않은 곳에 고모가 계셨던 모양이다. 그 고모께서 오다가다 맨몸으로 다니는 조카가 안쓰러워 한 번씩 옷도 해 입히는 등 보살펴 주었다고 한다. 애들은 자신을 귀여워해 주는 것을 알고 따른다. 그래서 고모 댁에 친구가 종종 들른 것 같다. 고모 댁에는 미군부대에서 나온 포크가 있었다. 전쟁 후라 주둔

미군이 많아서인지 가정집에도 흔히 미제의 스푼과 포크가 있었다. 제대로 가르침을 받지 못한 그는 그때까지도 젓가락질이 서툴렀다. 그런데 포크를 이용하니 그만이었다. 그래서 이놈으로 반찬을 집거나 참으로 나오는 국수를 먹으면 엄청 편하니 그것을 사용하고는 찬통에 되돌려 놓는 것이 아니라 남이 사용할까 봐 다음 식사 때까지 지니고 다녔다. 그런데 그가 지니고 다닌 것이 그날은 고모의 눈에 띄었던 것이다. 고모가 보기에 어린 조카가 하는 짓이 얼마나 애잔했겠는가. 이 친구가 집에 간다고 인사를 하니 고모께서 포크를 가만히 넘겨준 것이었다. 세상을 다 얻은 기분으로 집으로 막 달려오는데 호사다마라 아뿔싸 소나기를 만났것다. 벼락이 칠 때는 쇠붙이를 몸에 붙이고 다니면 안 된다는 것은 익히 들어 온 터라 어떻게 살아왔는데 내 명줄이야 놓을 수 있나 하는 생각에 포크를 나무 아래 숨겨 놓고 날 맑으면 찾기로 했던 것이다. 그런데 그것을 찾을 수 없었으니 그 애석함이야 하늘에 닿을 정도였다는 것이다.

지금도 그 길로 갈 일이 있으면 그 나무가 쳐다보이고, 고향에 가끔 가는 길이 있으면 고모를 찾아뵙고는 나이 들어 앙상한 몸을 끌어안으면

"이놈이 왜 이리쌌노."

하고 질책을 하신다고 한다.

막걸리 한 잔을 나누면서 기억 저편, 가난한 추억의 오솔길을 걸어가고 있는 우리의 눈가에 그리움이 이슬처럼 젖는다.

세상에서 해가 제일 먼저 뜨는 곳

퉁! 하는 둔탁한 소리와 함께 차가 약간 흔들린다. 또 "부딪혔구나!" 하는 느낌에 기분이 확 상한다. 대충 주차하고 차 뒤편으로 가 본다. 범퍼 뒤 모서리의 하얀 피부가 찢기어 검은 속살을 드러내고 있다. 트렁크를 열고 항시 가지고 다니는 응급 수술용 페인트 통을 찾아 상처에 발라 아물게 한다. 하지만 상처의 흉터는 그대로 남아 보기 흉하게 되어 차의 상처만큼이나 내 가슴도 쓰리다. 주인 잘못 만나 항시 생채기를 붙이고 다니는 차에 대해 미안하고, "당신! 운전을 몇 년이나 했는데 아직도 주차도 제대로 할 줄 모르나." 하는 아내의 타박도 걱정이다. 차를 끌고 다닌 것이 하루 이틀도 아니고 남보다 먼저 운전했는데 항시 차에 생채기를 낸다. 이는 운전 기술의 문제가 아니고 타고난

성정의 문제일 것이라 위안을 해본다.

사람에게는 보통 장단점이 있고 국민교육헌장에 기록된 것과 같이 타고난 저마다의 소질이 있다. 하지만 나에게는 타고난 소질은 별반 없고 남보다 치명적이라고 할 수 있는 부족한 능력이 몇 가지 있다. 그 중에서 공간 개념과 방향 감각이 특별히 부족하다. 그래서 주차를 하면서 종종 차에 흠집을 만든다. 그리고 방향 감각이 없으니 길눈이 밤중이다. 가끔 다녔던 길도 찾기에 자신이 없다. 그래서 항시 옆 좌석에 안내 보조자를 태우고 다니는 초보 운전을 벗어나지 못한다. 이런 것은 천성적인 능력 부족도 큰 몫을 차지하지만, 성장 환경의 영향도 있을 법하다.

내가 자란 곳은 네모 반듯한 논은 하나도 없고 계단식 다랑논이 경작지의 전부인 산골이다. 우리 집은 뒷산의 발치에 엎드려 있었고 앞만 빼고 산이 솟아 있었다. 산과 산 사이의 거리가 좁아 도시 친구들로부터 양쪽 산에 빨랫줄을 걸 수 있다고들 놀림을 받기도 했다. 이곳에서는 해 뜨는 광경이나 저녁노을은 의미가 없다. 좁은 골짜기에서 해는 이쪽 산에서 떴다가 저쪽 산으로 지는 것이니 그곳에 일출의 장엄함이나 노을의 아름다움이란 수식어를 붙일 만한 이유가 없었다. 하지만 골짜기의 밤은 빨리도 깊었고 그 어둠은 참으로 맑았고, 별은 참으로 밝게 빛났다.

그리고 산골에서는 방문만 열면 해 뜨는 것을 볼 수 있었다. 그러니 동서남북의 방위는 생각할 필요도 없었고, 좁은 골짜기 전체가 한눈에 들어오니 공간이란 것이 무슨 의미가 있겠는가.

그래서 훨씬 더 오래 살았음에도 도시에서는 아직도 나는 방향 감각이 없다. 특히 밤은 더 심하다. 도시의 밤은 별이 없기 때문일 것이다.

내가 사는 곳에서 방향을 확인하고자 가끔 이웃에게 동이 어디냐고 물어본다. 그러면 대충 손으로 "저기 같은데." 하는 것이 도무지 믿음이 안 간다. 사실 '동'을 물어 보는 것은 방향을 알아보는 것도 있지만 '동'은 해가 뜨는 곳으로 희망이 있을 것 같고 그곳을 보면 소원이라도 성취될 것 같은 기대감이 있어 확인을 해보는 것이다. 어릴 때 '동방예의지국', '동방의 등불'을 항시 듣고 살았다. 그래서 '동'이란 곳에는 희망과 도덕이 가득한 것으로 내 인식의 터전에 뿌리를 내리고 있는 것이다. 그래서 세상에서 제일 해가 먼저 뜨는 곳은 나에게는 선망의 대상이고 꼭 한 번은 가보고 싶은 곳이다. 이 지구상에서 제일 동쪽으로 해가 제일 일찍 뜨는 나라는 남태평양의 키리바시라는 나라다. 세계에서 유일하게 적도와 날짜 변경선이 겹치는 곳이다. 내가 동경의 대상으로 가장 가보고 싶은 나라이기도 한 이 나라에서도 대륙의 동쪽 나라이고 동방예의지국의 후손이 자라고 있다는 신문 보도를 본 적이 있다. 우리나라 선원의 성매매 때문이라 하니 좋은 것인지 안 좋은 것인지 판단이 안 서지만, 거 참! 이다.

가끔 우리 애들이 말한다. "나는 돈을 많이 벌어 잘 살 것이다."라고. 하지만 나는 "잘 산다."는 것에 대한 확신을 갖지 못하여 대답이 늘 애매하다. "그래, 잘 살아야 하지." 긍정도 부정도 아닌 대답이 되는 것이다. 아직도 도시에서 해 뜨는 곳을 몰라 방향 감각이 없는 것처럼 어릴 때의 그 좁은 소견이 아직도 내 인식의 나침반에 뿌리를 내리고 있어 방향 설정에 기준점이 없다.

요즘은 랩이나 댄스 풍의 빠른 템포의 노래를 배우려고 따라 해보지만 불가능하다. 그래서 템포는 빠르지만 가사도 재미있고 사람들이 많이 불러 익숙해져 쉽게 따라 부를 수 있을 것 같은 김건모의 〈잘못된 만남〉을 따라 해 본다. 하지만 가사는 그대로이나 곡은 '사아공에 뱃노오래'라는 〈목포의 눈물〉로 따라가고 있어 이것도 저것도 아닌 정체불명의 노래가 된다. 노래 하나를 부르는 데도 몸에 익은 뽕짝 풍이 남아 있어 제대로 할 수 없는데 생각을 바꾸기가 어찌 쉬울 수가 있을 것인가. 하지만 언제까지나 철 지난 옷을 걸치고 살 수는 없는 법.

요즘 노래라도 따라 부르면 시대에 맞게 살 수 있을까 하는 생각에 열심히 연습해 본다. 암만 해봐야 뽕짝이지만.

제4부
존재의 이유

가시고기

"아빠, 내 잘 있다. 걱정하지 마라."

몇 자 안 되는 휴대폰 메일. 읽고 또 읽는다. 아무리 보아도 기분이 좋고 신통방통하다. 내 복인지, 제 복인지.

요즘 신문지상에 '기러기 아빠'에 대한 기사가 심심찮게 나온다. 기사를 볼 때마다 느끼는 것은 '과연 그렇게 하는 것이 자식을 위하여 잘하는 것인가?'하는 의문이다. 자식이 살아가야할 터전이 이 나라 이 땅이면 여기서 살아가는 방법을 터득해야 할 것인데 낯선 남의 나라에서 배운 방식이 맞지는 않을 것이라는 생각이다. 그리고 그렇게 살아가는 것이 가족의 개념에 해당되는지 하는 의문도 가져 본다. 가족이라면 나의 구시대적 사고로는 항시 동고동락이 기준이다. 그런데 기러기가족 아빠에게는 희생만 강요되어 '고苦'만 존재하고 '동同'과 '낙樂'은 없는 것이다. 그래서 생각나는 것이 '가시고기'라는 물고기이다.

가시고기의 수컷이 번식을 위한 둥지를 만들면 암컷은 곁에서 구경만 하고 있다가 수컷의 눈치를 보아 허락하는 눈치가 보이면 잽싸게 둥지에 들어가 몇 초도 안 되는 짧은 시간에 산란을 하고 나가버린다. 그러면 둥지를 지키고 있는 수컷은 암컷이 놓은 알에 정액을 뿜어 수정을 시킨다. 이때부터 수컷 아빠 가시고기의 새끼를 위한 고난이 시작되는 것이다. 먹지도 않으면서 알들에게 신선한 산소 공급을 위해 가슴지느러미로 부채질을 계속하고 다른 물고기의 접근도 막아야 하는 방어임무를 수행한다. 그러다 알이 부화되어 치어가 되면 아빠 가시고기는 새끼의 곁에서 생을 마감하고 새끼는 아빠의 희생도 모른 채 아빠의 곁을 떠나간다. 아들의 백혈병 치료비를 위해 자신의 한쪽 눈을 팔았고, 자신이 간암 말기라는 사형선고를 받자 더 이상 아들을 양육할 수 없는 처지임을 알고는 아들을 엄마에게 보내는 조창인의 ≪가시고기≫라는 소설이 베스트셀러가 된 것을 보면서 요즘 사회에서 아버지의 역할에 대하여 생각하게 된다.

늦은 밤. 전조등 불빛이 쾌속선이 바다를 가르듯이 어둠을 쪼개며 길 위로 차를 몰고 있다. 차창으로 보이는 적막 같은 어둠처럼 가슴이 내려앉는다. 아내와 나. 말을 잃고 앞만 보고 있다.

과연 이대로 가는 것이 잘하는 짓인가? 낯선 곳. 낯선 집. 홀로 잠을 청하고 있을 딸을 생각하니 아련히 가슴이 저미어온다. 딸을 두고 오는 곳이 도시의 어느 곳이라면, 딸이 지내야 할 곳이 원룸은 아니더라도 프라이버시라도 지킬 수 있는 곳이라면, 그리고 주변에 생활의 편의시설들이라도 있어 위안이라도 된다면 이렇게 마음이 무겁지는 않을 것인데. 집 밖으로 처음 나간 딸을 이런 벽지에 두고 가야 되는지. 집에 도착하여 잠자리에 들었지만, 홀로 있는 딸 생각에 밤새 안절부절하지 못하다 새벽에 일어나 딸에게 전화를 한다.

"잘 잤나?"

"아빠 나 괜찮다."

무슨 대답인지 마음이 다가온다. 아버지가 신경을 쓰고 있으니 안심하라는 배려일 것이다. 벌써 아버지 마음을 헤아릴 줄 안다는 생각이 드니, 대견해지고 다소 마음이 놓인다. 며칠 동안 새벽이면 전화를 했다. 어느 날인가 전화 연결이 되지 않아 계속 전화를 했다. 그러자 메일이 온 것이다.

대학을 갓 졸업한 딸이 취직하여 처음으로 집 밖으로 나갔다. 취직한 곳이 억센 남자들만의 세계라고 생각되는 거칠어 보이는 바닷가 조선소. 딸을 데리고 취직이 된 조선소를 찾았다. 이름난 대형 조선소에 비하면 이제 조선소라고 겨우 이름을 붙인 초보 조선소이지만, 딸이 판단하기로 전도가 유망한 중소조선소라 하여 입사한 회사다. 그래서 그런지 조선소는 내가 알고 있는 도시에 있는 것이 아니고 나로선 처음 듣는 고성 근처의 공단이라 찾아 가는 길이 쉽지만은 않았다.

이정표를 보고 또 보고 겨우 도착한 곳. 공단이라 하면 내 인식의 터전에는 넓고 넓은 대지에 공장들이 줄지어 있을 것이고, 산업체 근로자들의 의식주 해결을 위한 편의시설이 있을 것이고, 잘 정비된 도시의 틀을 갖추고 있을 것이라고 생각했다. 하지만 내가 찾아간 그곳은 오지의 어촌이었다. 다만, 바닷가 한 모퉁이 작은 공간을 차지하고 있는 조선소의 공장만 공단임을 겨우 알 수 있게 하는 곳. 그리고 조선소 주변에 있어야 할 거주지나 제대로 된 휴식시설 하나 없었다. 단지 바닷가 산발치에는 오래전부터 있었던 어촌 자연부락이 있을 뿐이다.

손도 발도 왜 그렇게 작은지. 얼굴도 아직 어린 티를 벗어나지 못하고, 마음 또한 어리고 여려 어느 것 하나 제대로 자란 것이 없는데 벌써 대학을 졸업했다. 그리고 취직을 하겠다고 한다. 아무리 생각해도 취직을 해서 돈을 벌 것 같지는 않아 '알아서 해 봐.'하고 지나가는 말처럼 하고는 그만이었다. 며칠이 지나 면접을 보러 간다면서 가면 될 것이라고 자신 만만했고, 면접을 보고 와서도 자기는 합격한 것 같다고 기고만장하였지만 내겐 통 믿음이 안 갔다. 여러 날이 지나도 연락이 없어 불합격으로 알고 있었는데 면접을 본 지 달포쯤 되어 전화가 왔다. 2차 면접을 보러 오라는 것이었다. 그리고 2차 면접 후 일주일 뒤에 출근하라는 연락이 왔다. 드디어 딸이 성인으로 역할이 시작된 것이다.

한편으론 대견하고 한편으론 안쓰럽다. 아들은 군복무 중이라 딸을 떼어 놓고 집에 들어와 아내와 같이 누워 있으니 딸이 자란 세월이 주마등처럼 흘러간다. 특별히 잘난 것 없는 딸이지만 걱정 없이 잘 자라 준 게 고맙고 고마웠다. 비록 가시고기 같은 아빠는 아닐지라도 잘 키우고 싶었는데 제대로 한 게 하나도 없는 것 같다. 그래서 마음만으로 잘 되길 빌어 본다.

시집가는 딸에게 부치는 편지

어리고 여리면서 자존심이 강한 내 딸이 번민으로 고통받지 않고 행복하게 잘 살기를 바라면서 그동안 무사 무탈하게 잘 자라 준 딸에 대한 고마움과 함께 결혼에 즈음하여 아버지로서 당부의 말을 대신하여 이 글을 쓴다.

사랑하는 딸 나영아!

네가 자라면서 처음으로 집 바깥으로 나간 것이 직장이었다. 아는 사람이라곤 아무도 없는 낯선 곳 첫 직장의 기숙사에 네 엄마와 내가 너를 데려다 주고 오면서 얼마나 조바심을 했던지. 그리고 객지 낯선 곳에서 홀로 외로운 잠을 청하고 있을 네 생각에 몇 밤을 뜬눈으로 지새웠는지. 아침이면 하는 내 전화에

"아빠! 나 괜찮다."는 메일의 답장에 다소나마 마음을 달랬다. 첫 직장에서 생활한다는 것이 누구에게나 어렵고 힘에 부치지만 어려움을 몰랐던 너에게는 적응이 더욱 힘들었겠지. 그런 네 마음을 알고 있는 나는 휴일이면 바람처럼 네가 다녀가고 나면 안쓰러움으로 마음이 놓이지 않아 어렵게 마음을 다잡곤 했다.

그런 사이에 네가 사귀는 사람이 네 엄마와 나를 만나고 싶어 한다는 말을 들었을 때, 아빠는 며칠 밤이나 잠을 이루지 못했었다. "벌써!" 란 생각과 함께 지나온 날들 속에 너와 있었던 일들 하나하나가 주마등처럼 다시 떠오르면서 잘해주지 못한 회한이 가슴을 가득 적시었다. 그리고 네가 자라온 날들을 돌이켜 보면서 지금 너희의 만남이 어떠한 의미가 되는지를 그 옛날 싸구려 극장의 너무 많이 돌리어 닳고 닳은 영화 필름처럼 생각하고 생각하며 마음을 정리하였다. 그것이 인연이고 네 운명이라면 나에게 기대어 온 네 등을 흔쾌히 밀어 주어야 하는 아픔을 견뎌야 된다고.

생각지도 않은 혼담이 오고가고 날을 잡고부터는 어쩌다 들르는 너를 볼 때마다 마음 한구석이 무너져내리는 짠한 아쉬움은 어찌할 수 없었다. 그리고는 새벽에 일어나서 자고 있는 네 모습을 내려다보면서 결정에 대한 생각을 몇 번인가 되새겨 보기도 했다.

강보에 싸여 웃는 너의 모습, 칭얼대는 너를 달래기 위하여 업고 있었던 내 등짝에는 아직도 온기가 남아 있고 잠이 들어

새근거리는 모습은 그대로인데 벌써 어른이 되어 혼인을 한다는 것이 믿어지지 않아 어쩌면 남의 일처럼 아득하기만 하였다. 하지만 받아 놓은 날이라 성큼성큼 다가오고 혼수 준비로 바빠지고 보니 그제야 사실로 다가오는 것이다. 그 어리고 여린 네가 결혼한다는 것이 한편으로 대견스럽고 한편으로는 걱정이 앞서는 것은 어찌할 수 없었다.

또한 너를 키우면서 아빠의 사랑 부족으로 아무것도 해준 게 없다는 것이 가슴이 아프다. 하지만 네가 잘 자라 줘 좋은 사람을 만나 이렇게 혼인을 할 수 있다는 것만으로 아버지로서는 고마울 뿐이다.

이제 네가 혼인을 하는 마당에 네가 자라온 것을 돌이켜보면 아빠로서 해준 것도 없을 뿐 아니라, 네가 살아가면서 필요한 것이랑, 해야 할 일이랑, 아픔을 이기고 어려움을 극복하는 방법 등 어느 한 가지도 가르친 것이 없는 것 같다. 앞으로 기회가 많을 줄 알았는데 이렇게 빨리 네가 내 곁을 떠날 줄을 미처 몰랐구나. 그래서 아쉬움이 더욱 큰 것 같다. 그리고 준비 안 된 내 딸을 평생의 반려자로 맞아 같이 살 사위와 며느리로 맞아들인 시집의 어른들에게 미안한 생각이다. 그래서 아버지가 살아온 경험에 비추어 마음에 두고 있으면 좋을 몇 가지를 적어본다.

– 사랑하고, 사랑을 할 줄 알기

– 좋은 습관 가지기

– 미움보다는 용서를

– 함부로 성내지 않고 서둘지 말기

– 긍정적으로 생각하고 고운 말 쓰기

하지만 아버지도 이 나이 되도록 제대로 실천한 것은 하나도 없으니 살아가면서 마음에 두고 있으면 좋을 것으로 여겨진다.

끝으로 사위에게 한마디 한다면, 우선은 잘나지도 못한 내 딸을 사랑해 준 것에 대하여 나영이 아버지로서 고마움을 전하고, 아울러 내 딸에게 내가 못다 준 사랑을 사위가 대신 채워주길 부탁한다. 그리고 알고 있는 바와 같이 내 딸은 나이도 어리지만, 생각과 행동 또한 어려 적응에 다소 시간이 필요할 것이다. 아마 내가 생각하기엔 결혼 초엔 조금의 기다림이 필요할 것 같다. 그리 오래지 않아 좋은 아내의 자리를 차지할 것으로 믿는다. 그리고 내 딸에게 한 말이지만, 사위도 살아가면서 알고 있으면 나쁠 것은 없을 것이다.

둘의 우연의 만남이 사랑으로 이어져 이 결혼식이 이루어지게 되었다. 하지만 두 사람이 알아야 할 것은 결혼이 사랑의 끝이 아니라 씨앗을 뿌리는 출발에 지나지 않는다는 것을 명심하여야 될 것이다. 그러니 이제부터 둘만의 사랑의 씨앗이 잘 자랄 수 있도록 조심하고 조심하여 잘 가꾸어 좋은 결실을 맺도록 하여야 할 것이다. 두 사람이 잘할 것이니 걱정은 하지 않겠다.

오늘 결혼식장에서 나는 딸인 네 손을 잡고 입장하였다가 빈손으로 걸어나올 것이다. 그러면 그때까지 나에게 지탱해 왔던 너의 무게는 더 이상 느끼기가 힘들어질 것이다. 아마 짐을 벗은 홀가분함보다는 네가 차지하고 있었던 자리가 빈 공간이 되어 마음이 무너져내릴 것이고 잊혀져 간다는 생각으로 힘들어할 것 같구나.

내 딸아! 너를 키우면서 잘해주지 못한 것이 많지만, 정말 사랑했단다. 그리고 앞으로도 사랑할 것이고.

사랑한다! 내 딸아! 그리고 부디 행복하게 잘 살길 바란다.

아버지가 딸의 결혼식에 부쳐

딸을 시집보내고

출발선에서 신호를 기다린다. 모든 시선이 일제히 집중된다. 자신도 모르게 몸이 움츠려 든다. 종착점을 얼마 두지 않은 짧은 거리. 10미터 남짓한 거리를 걸어가면 내 역할은 끝이 난다. 짧은 시간의 흐름 속에서 만감이 교차하고 이십여 년의 세월이 스치고 지나간다. 가늘게 떨고 있는 딸의 손을 넘기는 것으로 내 역할은 끝이 난다. 이 손을 넘기고 나면 나에게 지탱해 온 손의 무게를 느낄 수 없어진다. 가벼워진다는 것은 자신의 역할이 없어진다는 것이다. 옛 사람은 왜 딸을 시집보내는 것을 치운다고 했을까. 딸을 짐 덩어리로만 생각했을까. 아마 그 무게를 감당하기가 불편하기보다는 무게를 지탱할 몫이 아니기 때문에 그랬을 것이다.

세월이 유수와 같다고들 한다. 하지만 한참 잘 나가고 있을 때는 세월의 흐름이 인식되지 않는다. 빨리 목적지에 가고 싶을 뿐이다. 종착지가 다가와야만 아! 하고 세월의 무상함이 실감이 된다. 남가일몽이란 말은 종착지에서 돌아본 세월의 빠름에 대한 감정일 것이다. 정년을 맞이한 어느 선생님의 말씀. 삼십 년 세월이 앉았다가 일어나는 순간이라고. 그날인가. 떨리는 몸을 겨우 가누면서 마주 오는 두 사람을 마중 나갔다. 깊이 머리 숙여 절을 하고는 넘겨주는 손을 잡고 뒤돌아섰다. 넘겨받은 그 손의 무게를 내가 감당하면서 생의 끝까지 같이 가야 하는 것이다. 그리고 삼십 년에 다가온 세월.

한 번도 바깥으로 나가지 않고 집에서만 자란 딸. 참 어리다. 그리고 여리다. 손 발 하나도 제대로 자란 것이 없는 것 같다. 대학에 다니는 딸을 알고 있는 한의원에 보냈더니 원장님 말씀이 "중학생이 벌써 귀걸이를 했네."라고 했다고 한다. 대학을 졸업하고도 성인들이 출입하는 곳엔 주민등록증을 보자고 하여 외출 때 주민등록증을 꼭 챙기고 나가는 딸. 대학 4학년 때일까. 자고 있는 딸의 얼굴을 내려다보고 있었다. 언제 제대로 자랄 것인지. 그리고 언제 제 역할을 제대로 하여 시집이나 갈 수 있을는지. 억지로라도 떨어져 혼자 사는 경험이 필요할 것 같다는 작정도 해 보았다. 그래 돈을 들여서라도 내보내야지. 그것은 내 기우에 지나지 않았고 대학을 졸업하자마자 스스로 길을 찾아 집 밖으로 나갔다. 취직이 된 것이다. 돈이 문제가 아니고 이제야 세상 경험을 할 수 있구나 싶은 생각에 감지덕지한 마음이었다. 직장생활에 대한 대견함보다는 안쓰러움에 항시 가슴 아파하면서 마음을 다잡고 지냈다. 그리고 얼마 되지 않아 남자가 생겼고 상견례가 있었다.

딸의 결혼식 날을 잡은 후 어느 일요일 아침이다. "빨리 일어나 준비하거라." 소프라노 톤으로 딸을 다그치는 아내의 소리가 들린다. "알았어." 좀더 자도 되는데 하는 투의 이어지는 딸의 퉁명스런 소리도 들린다. 아침 일찍부터 엄마와 딸이 큰소리로 투닥거리는 소리가 아련히 잠결에 들린다. 예전이라면 소란으로 들려 짜증이 날 만도 한데 그 시끄러움이 아늑하고 정겹게 느껴진다. 이제 저 다툼 소리를 얼마나 더 들을 수 있을는지. 가족이란 것이, 살아간다는 것이 이런 것이구나. 마음이 여유로워지고 넉넉해진다. 오래오래 같이 살 것 같았는데 남은 시간이 짧아져서야 비로소 가족이 같이 사는 것이 어떤 것인가가 느끼어진다.

짐이 나간 딸의 방에는 치워야 될 잡동사니만 낙엽처럼 뒹굴고 있는 것을 보니 비로소 시집을 간 것이 실감이 난다. 잘해줬어야 했는데. 코끝이 시큰하면서 시야가 부옇게 흐려진다.

갑작스럽게 닥친 일이라 얼떨떨해서인지 떠밀려가는 것처럼 대충 넘어갔지만, 시간이 지나 여유가 생기면서 감정의 조각조각들이 문득 마음을 비집고 들어와 기분을 적신다. 시집을 보내는 것에 조금이나마 조바심이 되었다면 마음의 준비가 어느 정도는 되었을 텐데. 장졸 간에 당한 일이라 서운한 감정도 제대로 느껴보지도 못했다. 딸이 없는 방에 들어가 침대 이불을 들치고 손을 넣어본다. 자신의 길을 잘 찾아가는 딸이 대견하기보다는 아직은 아쉬움이 더 크다. 출퇴근을 하는 차안에서도 슬쩍슬쩍 생각이 살아난다. 그러면 괜히 목이 멘다. 하지만 그게 제 길인 것을.

그래 잘 살거라!

요즘 당신 왜 그래?

며칠 전인가, 출근을 위해 신발을 신으려고 구두주걱을 찾는데 보이지 않는다. 그냥 손가락을 주걱삼아 대충 신을 수 있었는데 그날따라 무슨 마음에서인지 집사람을 불러 구두주걱이 없다고 불평을 했다. 그리고도 찾을 수 없어 보통 때처럼 대충 신발을 신고 돌아서는데 집사람이 말을 툭 던진다.

"당신 손에 있는 것이 뭐요?"

이게 웬일인가? 구두주걱이 그날 도서관에 반납하고자 가져가는 책과 함께 손에 잡혀 있지 않은가. 아무리 생각을 해봐도 그게 왜 손에 있는지 기억이 통 나질 않는다.

"거 참!"

잘못을 하다 들킨 아이처럼 씩 웃고는 현관문을 나서는데 집

사람이 등 뒤에 대고 소리친다.

"당신! 요즈음 왜 그래?"

아마 그 말 속에서 조금 지나치다 싶은 내 건망증에 대한 힐난과 앞으로 치매에 걸릴지도 모른다는 우려, 그리고 나이 들어 병 수발을 들게 될지도 모른다는 불안감 등 여러 가지 감정이 묻어 있어 등 뒤가 끈적거렸다. 평소 뭘 잘 잊는다. 한 번에 두 가지 이상을 머리에 담아둘 수 없는 두뇌의 용량이라서 그런지 조금만 다른 생각을 하면은 거기에 정신을 팔아 조금 전에 하고자 했던 일을 깡그리 잊곤 한다. 그러다 보니 가지고 다닌 물건도 종종 잃어버린다. 내 몸에 붙어 있지 않은 것은 어딘가 흘려놓고 만다. 그래서 식당이나 모임의 장소에서는 중요한 것이라면 옷의 호주머니에 억지로라도 밀어넣어두거나, 눈에 띄는 곳에 두어 건망증을 사전에 예방하고자 나름대로 노력한다. 그도 저도 안 되는 우산은 잃어버리기 일쑤다. 우산을 들고 나갔다 비가 오지 않으면 거의 잃어버리고 돌아온다. 젊어서도 그런 사람이 나이가 들어가니 그 정도가 심한 것은 당연지사이고 그 심각한 건망증에 대하여 집사람이 치매에 걸릴까 봐 우려하는 것도 지나친 일은 아닐 것이다.

월간 조선 2002년 1월호의 별책 부록으로 "한국인의 행복 체험"이란 부록이 있었다. 그 책에 〈행복면허증, 있으세요?〉란 제목의 최윤희의 글에는 "행복이란 것은 우리 스스로 만들어내는 자가 발명품. '행복=셀프'인 것이다. 우리는 두 팔, 두 다리를 가진 것만으로도 이미 충분히 행복하다. 이미 우리가 가진 것들 중에서 먼지를 흠뻑 뒤집어쓰고 있는 것들을 꺼내 사용할 수 있으면 된다."는 내용이 있다.

사람은 저마다 자기중심적인 가치체계를 지니고 생활하기 마련이다. 따라서 어떤 사물에 대한 관점이나 일의 처리도 자신의 한계 내에서 이루어진다. 행복 역시 사람마다 느끼는 관심이 다를 수밖에 없다. 보통 사람들은 욕구의 충족으로 행복을 느끼는 것 같다. 흔히 말하는 물질적인 풍요와 권력, 건강 등 다른 사람보다 많이 가지는 것으로 만족하고 행복을 느끼는 것이 아닌가 싶다. 행복의 조건이 욕구의 충족이라고 한다면 지금은 욕구의 충족이 되지 않았으니 불행하다는 말이고 평생을 만족하고 살 수 없으니 살아감이 고행일 것이다.

그래서 불교에서는 근심의 기초가 되는 욕심을 버리면 상대적으로 불만이 작아질 수 있는 논리를 제공하여 그에 도달하는 방법으로 마음을 닦는 것을 강조한다. 생도 없고 멸도 없고 변화만 있다 하여 제행무상諸行無常이며, 색즉시공色卽是空 공즉시색空卽是色이라 물질의 풍요가 별것 아니라고 한다. 하지만 절에서 도를 닦고 계시는 스님들께서도 가끔은 다투는 것을 보면 말같이 행동하는 것은 어려운 것 같다. 이처럼 도를 닦고 있는 스님들도 마음을 마음대로 하지 못하는 것을 보면, 무지렁이 중생들이 물욕에서 자유롭다는 것은 별천지의 얘기가 된다. 그렇다고 살아가는 것이 물욕의 충족이 전부가 아닌 것 같다. 조사에 의하면 거액의 복권에 당첨된 사람도 1년 정도만 지나면 당첨되기 전보다 큰 행복을 느끼지 못한다고 한다니 말이다. 보통 사람의 만족의 정도는 다른 사람과 비교 우위에 있다 하여 기분이 우쭐한 것으로, 어쩌면 달팽이가 거북이 등에 타고 그 속도감에 황홀해 하는 기분이 우리 보통 사람의 만족감이고 행복일 것이라는 생각이 든다.

내가 어릴 때 어쩌다 버스를 탈 기회가 있었다. 버스의 속도라 해봐야 시속 삼사십 킬로 남짓했는데, 버스 차창으로 보이는 가로수가 마구 달리는 것을 보면서 그렇게 신기하고 빠를 수가 없었다. 지구 반 바퀴를 돌아오는 비행기를 타보아도 그때의 고물버스만큼 빠르지도 않고 신나지도 않은 것을 보면 사람의 만족은 양으로 판단되는 것은 아니고 자신이 가지고 있는 잣대가 중요한 것이다.

세상을 살면서 누구든지 마찬가지지만, 어려움 없이 지내기는 불가능한 것이다. 가진 것도 없고, 내세울 것도 없는 나 같은 사람이야 어려움과 세상살이에 대한 불만도 많을 수밖에 없다. 그렇지만 어려울 때마다 곁에 아내가 있어 지금껏 탈 없이 살아올 수 있었다는 생각이 든다.

"당신! 요즈음 왜 그래?"하는 집사람의 염려의 말을 듣는 것이 행복이다. 그 말도 못 들으면 정말로 치매에 걸려 있을 것이다.

속이 좁은 남자

설을 쇠고 나서 출근하는 길이었다. 학교 후문으로 차를 몰고 들어오다 보니 허물없이 지내는 'ㅅ선생'이 급히 걸어가고 있었다. 평소 그분의 너그러운 행동거지를 보아 저렇게 바쁘게 걸어가실 분은 아닌데, 뭔가 몹시 바쁜 일이 있겠구나 하는 짐작만 하고 설인사도 다음으로 미루었다. 그리고 사무실에서 일을 하고 있었는데, 10시쯤인가 놀랍게도 그분이 돌아가셨다는 전화가 왔다. 하도 의아해서 되물었다.

"무슨 말이야? 아침 출근길에 내가 보았는데."

그 길이 병원에 가는 길이었고, 병원에서 진료도 받지 못하고 바로 돌아가셨다는 것이었다. 사망원인은 심근경색이었다. 참으로 어이없는 황당한 부음이었다. 사람 사는 것이 "새벽이슬 같다."는 말이 새삼 그대로인 것이다. 그분은 인상도 후덕하고 배가 조금 나온 제법 넉넉한 몸매를 지녔고 트럼펫을 연주하는 등 개인적인 능력도 다양했다. 그래서 학교의 동료들이 모두들 좋아하였다. 그리고 나와는 제법 오랫동안 같은 부서에서 근무한 적이 있어 각별한 사이였다. 그러다 보니 농담도 주고받으면서 허물없이 지냈다. 언젠가 사무실에 먹을거리가 있어 같이 자리를 하면서 내가 슬쩍 농을 던졌다.

"ㅅ선생, 당신은 배도 부른데 더 먹을 이유가 있나?"

이분 왈

"나야 속이 넓어 많이 먹어도 표도 안 나지만, 형님이야말로 속도 좁은데 조금만 드시지요."

괜히 말 한 마디 잘못하여 본전도 못 찾고 되로 주고 말로 받은 격이 되고 말았다. 그 양반의 그날 농담으로 본의 아니게 그때부터 속이 좁은 놈이 되고 말았다. 사실 나는 속이 너그럽지도 넉넉하지도 못한 성격의 소유자였다. 집안 내력인지는 몰라도 별일 아닌 것을 가지고도 욱하는 성미로 주변 사람들에게 불편을 안겨주었다. 특히나 집안에서는 더더욱 심한 편이었다. 밖에서야 내가 누구에게 큰소리칠 형편이 안 되니깐 억지로라도 참지만, 집에서는 제법 소리를 지르고 살았다. 그래서 가끔은 아무 일도 아닌 사소한 일로 아내에게 화를 내어 집안 분위기를 엉망으로 만들곤 하였다. 그러다 보니 이래가지고는 안 되겠다는 생각이 들어 집에서는 화를 내지 말자고 스스로 작심하였다. 그렇지만 천성이란 것이 있는데 그게 마음먹은 대로 될 턱이야 있었겠는가.

나는 제법 오랜 기간 테니스를 즐겼다. 테니스는 정말 예민한 운동이고 승부에 자존심을 걸게 하는 운동이다. 경기를 하다 보면 마음대로 안 되면 성질이 날 소지가 다분히 있기도 하고, 패인을 남(파트너)의 탓으로 돌리기 십상인 운동이다. 그리고 성질이라도 나면 공이 남의 눈에 보일 정도로 맞지 않아 성격이 그대로 드러나게 되는 것이다. 그래서 이러면 안 되겠다는 생각이 들어 경기에서 항시 잘못을 내 탓으로 돌리는 노력을 하다 보니, 성격도 좋아지고 매너도 좋다는 소리를 듣게 되고 경기에 이길 기회도 많아졌다. 그러면서 집에서도 아내가 하는 잔소리(실제에 있어 옳은 말)도 긍정적으로 받아들이고자 노력하게 되었다. 남에겐 아무렇지도 않은 일이 내게는 오랫동안 엄청난 노력을 투자하여서야 비로소 어느 정도 다른 사람의 평균 수준에 도달하게 된 것이다. 그 덕분에 어느 정도는 대인관계도 원만하게 되었고.

사실 "욱"하는 것은 다른 사람과의 관계에서 발생하고 이것은 결국엔 다툼으로 발전하는 것이다. 집에서야 아내와의 관계이니 참으면 해결이 된다. 하지만 직장에서나 사회생활에서는 참는 것 가지고는 안 되는 것이다. 상대방의 주장에 대응논리나 정당한 이유가 있어야 한다. 직장에서의 다툼은 대체로 두 가지로 분류될 수 있다. 하나는 감정이 상하여 일어나는 다툼이고 다른 하나는 논리적 사유로 다투는 경우이다. 감정이 상한 경우에는 이유가 없다. 당사자가 일방적으로 기분이 나빠져 있는 상태이므로 그 기분이 풀어져야 해결이 되니 상대가 기분이 풀릴 때까지 참고 기다리면 되는 것이다. 반면 논리적 사유의 다툼은 사유에 따라 적당한 방법으로 대처하여야 한다. 논리적 다툼에도 두 가지 유형이 있다. 하나는 정당한 사유라고 생각하고 그에 따라 필요한 응분의 조치를 요구하는 경우가 있고, 다른 하나는 억지 논리로 자신의 이익을 보장받으려는 욕심이 작용하는 경우이다. 정당한 사유라 생각할 경우에는 대응논리가 있거나 요구조건을 수용하면 되고, 자신의 이기적 목적 달성을 위한 억지 논리로 접근할 경우는 다툼을 피할 수 없지만, 설득으로 해결하여야 한다. 그러니 어느 것 하나 "욱"하고 성질을 드러내서 해결될 것은 하나도 없다. 생각만큼 마음먹은 대로 되지는 않았지만 노력과 경험으로 다툼을 피해가는 노하우가 쌓여 지금은 큰소리가 오고가는 경우는 드물다.

일이란 보는 눈과 보는 위치에 따라 달리 볼 수 있으므로 이를 자기 기준만으로 생각하여 따라 주지 않는다고 싸울 필요는 없는 것 같다. 나도 이런 생각을 하니, 나같이 속 좁은 사람도 노력하면 속이 넓어질 수 있구나 싶어진다. 왜냐하면 요즘엔 나도 먹는 것이 늘고 몸무게가 늘었기 때문에 확실하게 입증이 되고 있는 것이다.

시래기 반찬

저녁 반찬으로 아내가 무청과 배추시래기를 굵은 멸치와 같이 된장에 버무려 끓여 내어놓았다. 남편이란 사람이 벌이도 신통찮으니 돈 안 드는 시골 형님 댁에서 얻은 것으로 찬을 만들었을 것이다. 퇴근 후 2시간 정도 운동을 하고 집으로 향한다. 늦은 시간의 저녁은 시장기 때문에 반찬에 구애받지 않고 잘 먹을 수 있다. 그래서 긴 시래기를 통째로 밥숟가락에 턱 걸쳐 먹으니 곁에 한 사람이 죽어도 모를 정도의 별미 중에 별미다. 한참 정신없이 먹다 보니 왜 별것 아닌 이 맛에 푹 빠져드는지 의문이 생기면서 꼭 시장기만이 아니란 생각이 불현듯 스치는 것이다. 그리고 이 맛이 엄청 익숙하다는 것을 알았다. 된장냄새와 함께 그리움이 산골마을의 저녁연기처럼 아련히 솟아오른다.

마을을 빙 둘러싼 산자락이 치마폭에 잿빛 그늘을 안고 마을로 내려서면 마을에는 청솔의 연기가 초가지붕으로 오르고 된장 끓는 냄새가 퍼진다. 그리고 어머니의 부르는 소리가 들린다.

"그만 놀고 와서 밥 먹어라."

몇 번의 다그침에 겨우 친구들과 하던 놀이를 그만두고 집으로 향한다.

마산 인근의 두릉이라는 곳이 내 고향이다. 두견새가 우는 골이라 하여 두릉이라 했는지는 모르겠다. 앞만 빼끔히 남겨 놓고는 산으로 둘러싸였고 산발치에 초가 몇 채가 가난을 덕지덕지 안고 엎드려 있었다. 알 배추는 시장에 내다팔아 살림에 필요한 돈으로 바꾸고 겉잎만 우리가 먹을 수 있었다. 그 겉잎을 짚으로 엮어 처마 아래 걸어 두었다 겨우내 반찬이나 끼니를 늘이는 데 사용했다. 끼니를 잇는 것도 집마다 정도는 다르지만 충분하지는 않았다. 놀이터라고 따로 있는 것도 아니니 온 산과 들이 그냥 놀이터이기도 하고 일터이기도 했다. 일과 놀이가 따로 있는 것이 아니라 항시 같이했다. 꼴을 베러 들로 나가면 또래들이랑 여럿이 어울려 놀이와 같이 했고, 나무하러 가거나 소를 먹이러 나가도 혼자서 나서지 않고 모두들 함께 갔다. 누군가 나서면 따라 나섰다. 그것이 놀이였기 때문이다. 놀이 기구는 낫이고 지게였고, 일이 없으면 몸으로 부딪치며 놀았다. 그리고 골짜기라 일출의 장엄함이나 저녁놀의 화려함은 없었지만, 밤은 빨리도 깊었고 그 어둠은 참으로 맑았다. 여름이면 더위를 피해 산그늘과 같이 어둠이 들어서면 마당에 멍석을 펴고 저녁 밥을 먹었다. 어둠이 덮기도 전에 잔명이 남아 있는 하늘에 희미하게 하나둘 별이 얼굴을 내보인다. 저녁 후 멍석에 누워 하늘의 별을 센다. 그러다 어둠이 내리면 하늘의 무대에 숨어 있던 별들이 헤아릴 수 없이 나타난다. 하늘이 얼마나 넓기에 저 많은 별들이 들어서도 괜찮은지.

고향을 떠나 살고 있는 도시 어디에서도 어릴 때 고향에서 본 별이 빛나는 맑은 밤하늘을 본 적이 없다. 어둠을 거부하는 도시의 화려한 불빛은 밤하늘의 별빛도 사라지게 하는 것이다. 광안리 바닷가에서 밤하늘에 간신히 보이는 생기 잃은 별들을 쳐다보며 윤동주님의 〈별 헤는 밤〉의 시를 읊어 보면서 흉내를 내어 본다. "별 하나에 추억과/ 별 하나에 사랑과/ 별 하나에 쓸쓸함과/ 별 하나에 동경과/ 별 하나에 시와."

이미 노인이 된 이웃집 형님들, 중년을 넘어선 머슴애들, 할머니가 된 여자애들의 이름들을 기억해 본다. 일을 잘했던 옆집 큰 바우 작은 바우 형님들, 같이 어깨동무하면서 놀았던 동갑내기 섭이, 돌이, 수야, 천식이, 공기놀이를 같이했던 형연, 윤선, 정해 여자애들.

그리고 밥 먹으라고 불렀던 어머니, 어머니…….

소식을 잊은 채 어디선가 살아가고 있을 그리운 그 얼굴들. 살기 위하여 각자의 길을 찾아 떠나 이제는 만나도 기억 저편에만 남아 있는 타인이 되어 있겠지. 돌아갈 수 없는 길이지만, 땔감을 위해 나무를 베어낸 자리에 진달래가 지천으로 핀 민둥산을 검정 고무신을 신고 발이 아프도록 내달려 보고, 흙먼지를 뒤집어쓰고 땅따먹기도 해보고, 어머니가 부를 때까지 그 동무들과 다시 한 번 어울려 봤으면.

저녁 반찬 시래기를 먹으면서 까맣게 잊고 지냈던 지난날이 꿈결같이 스친다. 시래기와 버무린 된장 냄새가 고향의 부엌에서 피어오르는 청솔의 매캐한 연기가 되어 가슴을 메이게 한다.

어머니의 그 목소리를 다시 한 번 들어 봤으면…….

"그만 놀고 와서 밥 먹어라."

아내를 위하여

결혼한 성인에게는 자신의 가정을 꾸려야 할 책임이 주어진다. 지금은 부부 모두 직장을 가지는 것이 당연한 것으로 인식이 되고 있지만 내가 결혼할 시기에는 경제적 책임은 남자에게 전적으로 주어졌다. 그래서 여자는 결혼만 하면 당연히 직장을 그만두는 것으로 받아들여졌다. 결혼의 적령기도 시대와 경제 여건에 따라 대체로 변하는 것 같다. 내가 결혼한 시점에는 아마 적령기가 27세 전후였다. 내가 결혼한 것이 31세이었으니까, 내 세대에선 조금은 늦은 편이었다. 결혼이 늦은 사유야 여러 가지가 있겠지만, 가장 큰 이유는 결혼할 여자가 없었던 것이다. 여자만 있다면야 같이 살면 되는 것이니 다른 이유가 존재할 수 없을 것이다. 누구나 마찬가지지만, 젊을 때야 선남선녀 아닌 사람이 어디 있겠는가. 나도 딴에는 자칭 멀쩡한 허우대를 지녔다고 자만도 하였고, 좋아했던 여자도 더러 있었다. 하지만 결혼은 여러 가지 일로 성사가 되지 않았고 중매로 결혼을 하였으니, 결혼이란 인연이 따로 있는 것으로 생각되어진다. 내가 아내와 만난 것은 직장 동료의 소개였다. 적령기가 넘었으니 만남 자체가 결혼을 전제로 한 선을 보는 자리였다. 선을 보고 나서 결혼까지는 그렇게 오래 걸리지는 않았다. 그도 그럴 것이 결혼을 하고 나서 알았지만, 중매한 사람이 아내의 외삼촌이었으니 처가 쪽에서 보면 보증서가 붙어 있는 것으로 생각이 되었을 것이고, 짧은 시간 맞선의 만남에 속까지 들여다볼 수는 없을 것이고 멀쩡한 껍데기만 보았을 것이니 결정이 쉬웠을 것이다. 거기에 나로서는 나이도 있고 하여 한시라도 빨리 결혼을 하고자 설치는 바람에 만난 지 얼마 되지 않아 날을 잡게 되었다.

남보다 늦게 나이가 들어 결혼을 하였다면, 세상을 보는 눈이라도 있고 경제적인 여력도 있어야 했는데 지금이나 그때나 성숙되지 못한 것은 마찬가지였고 가정을 책임질 만큼의 경제적인 바탕도 없었다. 신혼 초, 준비 안 된 결혼생활은 아내에게 무척이나 어려움을 주었다. 특히 경제적인 문제가 가장 큰 어려움이었다. 그러다 보니 본의 아니게 처갓집에서 잠시 지낸 적도 있었으니 아내의 자존심이 무던히 상하였겠지만, 새댁으로 말도 못한 세월을 보냈다. 그 후 아내의 알뜰함에 결혼 후 3년이 지나지 않아 집을 장만하여 이사를 했다. 요즈음도 그때 고생한 일을 가끔 들먹일 때는 기가 죽을 수밖에 없고, 인과응보라 생각하며 항상 미안할 뿐이다.

그렇다고 후에라도 아내에게 잘한 것도 별반 없었다. 당시만 하여도 직원들의 회식이 있으면 2차는 으레 나이트클럽이었다. 술김에 나이트에서 뒤엉켜 춤을 추다 보면 원치 않게 와이셔츠에 루즈를 묻혀 가는 경우도 종종 있었고 그게 아내에게 무슨 의미가 되는 줄도 몰랐다. 한 번은 직원들과 술을 마시다 옷에 이상하게 루즈가 심하게 묻어 있어 동료가 알려준 비방대로 옷을 벗어 세탁기에 집어넣다가 아내에게 발각되어 아내의 닦달에 변명이라고 한 말이

“옷에 뭔가 묻어 있다는 것은 아무 일도 없었다는 증거지. 만약 옷을 벗고 있었다면 묻을 일이 어디 있겠어.”

이 말에 가만있을 마누라가 천하에 어디 있겠는가. 언젠가는 술집에 갔다가 괜히 옆에 있던 아가씨에게 명함을 주었다가 퇴근 후 아내와 같이 있는데 전화가 걸려오는 통에 낭패를 당하기도 했다. 그동안 살아온 날들이 아내에게 잘해준 것이 별로 없고, 미운 짓만 많이 한 것 같다. 아마, 나이가 들면 나도 이사가는 날이 가장 무서운 날이 될 수 있는 소지가 다분히 있다. 사실 사람이 살다 보면 지난 일이 보람으로 다가오기보다는 후회가 더 많은 것은 당연할 것이다. 하지만 아내에게 내가 잘해준 것이 없으니 아내에 대한 미안함을 가질 수밖에 없지만, 그 일을 반성한다고 앞으로 나아질 자질이 없으니 그게 문제인 것

이다. 그러니 아내의 타박은 앞으로도 숙명으로 받아들이고 살아야 할 판이다.

그렇지만 아내에게 인정받고 큰소리치는 유일한 것 하나가 바로 테니스다. 테니스는 내가 아내에게 가르쳐 주었고 주말이나 휴일이면 같이 나가 함께 즐기는 운동이다. 주말이나, 휴일이면 우리 집에서는 열일 제쳐두고 테니스를 하는데 나는 그동안의 구박을 만회하는 편이고, 아내는 쌓인 스트레스를 푼다. 그러면서 서로 이해하는 폭을 넓히고, 부부로서 같이 살아가는 재미를 가지게 되는 것이다.

일생을 살아가는 부부가 죽자 사자 영원한 사랑을 하는 사람은 아마도 드물 것 같다. 살아가면서 같이 즐기고, 같이 할 수 있는 공통분모가 있으면 서로 간 이해의 폭을 넓히면서 서로를 인정하게 될 것이다. 내가 아내에게 잘못한 것도 많이 있지만, 테니스라는 같이할 수 있는 것이 있기 때문에 지금까지 별 문제 없이 서로를 아끼고 사랑하며 살아온 것 같다. 부부란 가장 가까우면서 가장 멀리 있을 수 있다. 서로가 서로에 대해 너무 잘 알고 있다고 지레 짐작하여 어떤 일을 하는 데 이심전심으로 생각하고 당신도 내 생각과 같을 것이라는 일방적 판단으로 일을 처리하기 때문이다. 그러면 당하는 편에서는 기분이 상하여 뭐라고 하면 "그만한 일로 그래?"하고는 무시해 버리고 마는 것이다. 특히 경상도 남자란 남자라는 이유로 자기 아내에게 이해를 구하는 것을 졸장부의 짓으로 받아들이니 잘한다는 것은 불가능에 가깝다. 그러다 보니 왜 함께 사느냐고 물으면 아이들 아니면 경제적 이유라고 한다. 사람이 평생을 살아가는 중 가장 밀접한 관계에 있는 사람이 부부다. 그런 부부지간에 믿음이 없다면 성공한 인생이라 할 수 없을 것이다. 성공한 인생이 되기 위하여 부부간에 같이할 수 있는 것을 즐기라. 이게 내가 살아온 방식이다.

여보!, 당신! 하면서 우리가 같이 살기 시작한 것이 엊그제 같은데 벌써 스물 몇 해가 됐네. 아내의 꽃 같은 얼굴에도 이제는 눈가로 잔주름이 잡혔으니, 박목월 선생님의 시처럼 어쩌다 맺은 인연인데 앞으로 사랑을 믿고 함께 갑시다.

잘하는 게 뭔데?

당신 잘하는 게 뭔데?

가사를 돌봐 주지 않는다고 아내가 내게 하는 말이다. 타고난 재주가 그런지 집안일에는 존재가치가 없는 사람이다. 어쩌다 집에 있으면 아내가 집안일로 바쁘게 움직이고 있는데 나는 그저 소파에 앉아 황소 눈 끔벅거리듯이 멀거니 쳐다보기 일쑤다. 그러면 "당신 뭐 하는 사람이오!" 하는 핀잔을 듣지만 지금껏 고쳐지질 않고 있다.

아내의 핀잔도 있지만, 가만히 생각해보면 내가 잘하는 것이라고 내세울 만한 것이 별로 없다. 그렇지만 딱히 하나 꼽는다면 테니스일 것이다.

내가 테니스를 한 햇수로 치면 20년 조금 넘었으니 못한다는 것이 이상할 것이다. 하지만 테니스를 잘하기보다는 시합을 잘 한다는 표현이 맞다. 전국 규모라 하면 조금 지나치고 전국 국립대학 교직원들만 하는 테니스대회에서 우승한 경력도 있다. 그리고 조기회 등 동네 시합에서 우승하는 확률도 높은 편이다. 아내는 그 상품 맛에 일요일 나가는 것을 말리지 않는다. 어차피 집에 있어 봐야 가사를 돌볼 위인은 처음부터 안 되고 귀찮은 심부름만 시킬 것이니 나가서 상품이나 받아 오는 것이 훨씬 이문이 남는 일인 것이다.

내가 테니스 라켓을 처음 잡았던 것은 80년도 이전이나 본격적으로 시작한 것은 학교 옆으로 이사한 83년도쯤일 것이다. 그때만 하여도 레슨을 하는 사람도 드물고 레슨을 받는 사람도 흔하지 않았다. 나 또한 레슨을 받을 생각이 추호도 없었다. 라켓만 들고 코트에서 공만 넘기고 상대에게 이기기만 하면 되지 배울 것이 따로 있나 하는 생각에서다. 지금 테니스를 하는 분들에게는 욕을 바가지로 들을 일지만 그 당시만 하여도 그런 우직한 용기가 통하는 시절이었다.

운동을 본격적으로 시작하고 보니 테니스만큼 어려운 운동도 드물고 어려운 만큼 수준에 따른 차별도 심한 운동도 없는 것 같다. 보통 초보자는 공을 칠 수 있도록 운동장을 다듬고 라인을 긋고 그리고 새 공을 제공하는 정성을 들이지만, 고수들이 공을 치고 난 후라야 비로소 겨우 순서가 돌아와 한 번쯤 경기를 할 수 있다. 그때 성질 더러운 고수 페어를 만나면 그날은 종친다. 코트에 들어가면서 고수께서 주문을 한다.

"당신은 네트에 딱 붙어 있어. 정면으로 오는 공만 치고, 나머지는 내가 알아서 할 테니."

그러면 속으로 "그럴 바에는 혼자하지 뭐 하러 같이해." 하고는 입이 쏙 빠지지만, 밖으로는 그래도 기회를 한 번 준 것에 감지덕지하여 감격스러운 목소리로 "옛 설."하고는 아부를 떤다.

그렇지만 그 정도의 요구는 전초전에 불과하다. 경기가 시작되면 요구가 업그레이드된다.

"그기에 서 있어라 한다고 네트에 가만 서 있으면 어떡해. 공이 오면 뒤로 빠질 줄도 알아야지."

그런 말을 들었다고 뒤로 빠지면

"조선 사람이 조선말로 하는데 말도 못 알아들어. 할 줄도 모르면서 뒤에 있으니 되나."

앞으로 가도 안 되고 뒤로 가도 안 되고 그렇게 타박만 된통 듣고 코트를 왔다갔다하다가 정작 공을 옳게 쳐보지도 못하고 경기가 끝난다. 경기가 끝났다고 하여 잔소리가 끝나는 것은 아니다. 그렇지 않아도 경기를 하면서 들었던 잔소리에 기분이 상할 대로 상했는데 코트를 나서면서 "당신하고는 다시는 파트너를 하나 봐라."하고는 완전히 자존심을 있는 대로 팍 구겨 놓는 것이다. 그때는 테니스고 뭐고 간에 라켓을 집어던지고 멱살이라도 잡고 싶지만, 후일 때문에 꾹 참고 "앞으로 잘하겠으니 고만 밥이라 묵으러 갑시다."하고 사정을 하는 것이다. 그러면 고수께서 "그럴까." 하고는 못 이기는 척 슬쩍 일어선다. 그리고 식당에서는 밥값 때문인지 모르지만 기분이 조금 풀려 "아까 내가 심했어." 하는 사람은 그래도 괜찮은 사람이다. 식당까지 가서도 씩씩거리는 사람도 있다. 그러면 목구멍을 통과하지 못하는 욕 때문에 밥이 내려가지 않으니 막걸리 몇 사발을 들이키는 수밖에 없다. 어디서나 약자는 서러운 세상이다.

그런저런 설움을 겪고 겪으면서 폼은 남들이 엉성하다 하지만 경기력은 타의 추종을 불허할 정도가 되어 나도 어느덧 성질 더러운 고수의 반열에 들어선 지가 제법 됐다. 개구리가 올챙이 시절을 모른다는 만고의 진리대로 악명 높은 고수로서 지존의 자리를 확보한 것이다. 테니스란 것은 정말 어려운 운동이고 성질대로 안 되는 운동이다. 테니스의 실력을 한 단계 올리는 것은 공을 다스리는 기술의 향상도 중요하지만 어느 수준을 넘어서면 자신을 다스릴 줄 알아야 되는 것이다. 성질이 조금 나면 공은 코트를 벗어나거나, 네트에 끌어 박는다. 설움 속에 어떻게 올라온 고수의 반열인데 자리보전을 위하여 열심히 공을 가다듬게 되었다. 공을 가다듬는 것이 결국 마음을 다듬는 것이다. 그런 사이에 내공이 쌓여 이제는 페어에 대한 원망도 줄어들어 코트에서 잔소리가 없어졌고, 코트에 떨어진 공도 제법 공손하게 전달하는 경지까지 되었다. 사람이 한 가지를 잘하면 다른 것도 따라간다는 말이 있듯이 테니스로 다듬어진 마음이 언제부터인가 나 자신의 자세로 자리를 잡고 있었다.

속담에 "뚝배기보다는 장맛이다."라는 말이 있다. 이 말은 껍데기는 별로 볼품이 없는데 내용은 그래도 감칠맛이 조금 있구나 하는 의미가 된다. 실제로 장은 뚝배기에 담겨야 제 맛이지, 만약 놋그릇이나 고급자기나 멜라닌 그릇에 담겨 있으면 제 맛이 나지 않을 것이다.

처음부터 새까만 피부에다 테니스를 하여 항시 햇빛에 노출된 얼굴은 투박한 뚝배기 모습일 것이고, 그 그릇에는 장 정도가 제격일 것이다. 테니스로 마음을 다스린 결과 그 장도 맛이 익은 것 같은 착각을 해본다.

아내가 요즘 "당신 멋이 있는 사람이야." 하는 것을 보면 뚝배기의 은근한 맛에 매료된 것 같기도 하고 이제야 남편의 진가를 알아 주나 보다 싶기도 하여 기분은 좋다. 그렇지만 그 말을 들을 때는 항상 다른 이유가 있었다.

강종우 너 죽었다!

단조롭고 변화 없는 일상사. 이러한 나태한 일상이 삶의 의욕을 잠식하고 있어 뭔가 다른 변화를 필요로 하지만, 샐러리맨의 생활에 변화를 찾기가 그렇게 수월하지는 않다. 이럴 때는 아주 사소한 일탈이나 아무 생각 없이 혼자서도 웃을 수 있는 거리가 있으면 생활이 조금은 푸근해질 것 같다. 멀리 떨어져나갈 수 없는 삶의 여정에서 아주 작은 변화만이라도 잠식되어 가는 삶의 의욕에 충전이 될 것이다.

아침에 일어나 세수를 하고 출근 준비를 하면서 어떤 때는 이런 생각이 나기도 한다. '오늘도 출근을 꼭 해야만 하나.' 이런 생각이 들면 가슴이 답답해진다. 비가 질척거리는 봄날이면 왠지 모르게 움직이기가 싫어질 때가 종종 있다. 이럴 때는 그런 증상이 조금 더 심해진다.

평소 나의 하루는 지구의 자전 스케줄에 맞추어 아침에 출근하고, 저녁에 퇴근하여 거실에서 얼쩡거리며 TV나 시청하고, 그리고는 잠을 자는 것으로 매일매일을 반복하고 있다. 이런 일상사에서 한 번쯤은 벗어나고 싶은 것이 보통 직장인들의 바람일 것이고 나 또한 마찬가지다. 요즘같이 비가 자주 오는 봄날이면 그런 생각이 춘향이 이도령을 생각하는 만큼이나 간절해지기도 한다. 그래서 하루쯤은 아무 생각도 없고 목적도 없이 발길 가는 대로 가고 싶기도 하고, 아니면 어디 길게 뻗어 있는 강둑을 따라 비라도 맞고 걸어가면서 강바람이나 쐬고 싶기도 하고, 아니면 어디 산사에 가서 하루만이라도 보내고 싶은 생각이 들기도 하지만 그것은 바람에 지나지 않는다. 그러니 기분은 더욱 따분해진다. 이럴 때는 아침에 보는 신문의 뉴스거리라도 기분을 전환할 만한 것이 있었으면 좋으련만. 요즘 신문에는 온통 미국과 이라크의 전쟁에 대한 보도가 대부분이다. 한 발에 7억이나 하는 미사일을 하룻밤에 1,000발이나 퍼붓고 있다고 자랑스럽게 보도되고 있다. '패권주의'라는 어려운 말을 동원하지 않더라도 미사일이 떨어지고 있는 바그다드 하늘 아래에서 불안과 공포에 떨고 있는 시민들에 대한 연민의 정만 있더라도 "외과의사가 수술하는 것 같은 정교한 미사일 공격"이 자랑이 되지 않는다는 것을 알 수 있을 것인데도 기자는 그 사실을 자랑스럽게 전하는 것이다. 정말 자랑거리가 되는 보도가 되는 것은 굶어 죽어 가는 아프리카 사람들을 위한 구호식량 조달에 사용되는 비용일 것이다. 그리고 피아彼我간에 많은 젊은 병사가 죽어 가고 있는데 사살과 희생으로 표현되는 불공평한 보도를 보면 재미도 없을 뿐만 아니라 약자의 서글픔이 다가와 기분만 상하게 된다.

그런 뉴스를 보도하는 신문이지만 중앙일보에 연재되고 있는 시인 '이진우'의 〈지구마을 편지〉를 읽으면 기분이 좋아진다. 무슨 재주로 짧은 글에 그렇게 따뜻한 마음을 실어내는지 모르겠다. 나는 긴 글을 쓰면서도 내 마음을 제대로 실어보지 못하는데. 읽는 것이 고통이 되는 신문에서도 그것을 읽으면 전신에 땀이 흠뻑 젖도록 운동을 하여 갈증이 날 때 시원한 맥주 한 잔 마시는 만큼이나 청량하다.

세상을 살면서 재미가 있는 날도 있지만, 사는 재미가 없는 날도 더러 있을 것이다. 그리고 잘 안 되는 일 때문에 스트레스를 받고 쓸데없이 술이나 마시어 돈도 버리고 속도 버리기도 한다. 그래저래 살아가는 것이 세상살이고 모두들 변화 없는 날을 그럭저럭 살아간다. 그런저런 일상사 가운데서도 강가나 바닷가, 산사에 가지 않아도 되는 박철 시인의 〈영진설비 돈 갖다주기〉 같은 정도의 이탈만 있어도 〈지구마을 편지〉를 읽는 것 만큼의 즐거움이 될 것 같다는 느낌이다.

"막힌 하수도 뚫은 노임 4만 원을 들고/ 영진설비 다녀오라는 아내의 심부름으로/ 두 번이나 길을 나섰다/ 자전거를 타고 삼

거리를 지나는데 굵은 비가 내려/ 럭키슈퍼 앞에 섰다가 후두둑 비를 피하다가/ 그대로 앉아 병 맥주를 마셨다/ 멀리 쑥국쑥국 쑥국새처럼 비는 그치지 않고/ 나는 벌컥벌컥 술을 마셨다/ 다시 한 번 자전거를 타고 영진설비에 가다가/ 화원 앞을 지나다가 문 밖 동그마니 홀로 섰는 재스민 한 그루를 샀다/ ……" 이 시를 읽으면 가슴이 푸근해진다. 두 번이나 삥땅을 쳤으니, "당신이란 사람은 뭐하는 사람이오! 시키는 내가…….''하는 시인 아내의 질책과 푸념이 눈에 선하다. 유유상종이라는 말과 같이 비슷한 처신을 할 수 있는 사람이라 동질감을 느끼게 되어 행복감에 젖어드는지 모르겠다. 지금은 아니지만 전에는 나도 아내의 말을 귓등으로 흘려보내고 푸념도 많이 들었다. 아마, 사십대 초반 적의 일이니깐 제법 지나간 과거지사다. 연말에는 송년회라는 핑계로 술 마시는 재미로 제법 늦게 다니기도 하고, 와이셔츠에 아내의 입술이 아닌 여자의 입술로 도장을 찍어 오기도 했던 시절도 있었다. 지금은 아마 그랬다면 이사 갈 때 나만 빼놓고 갈 형편이라 그렇게는 하고 싶어도 못한다. 그해의 연말에도 한 일주일쯤은 연속하여 퇴근 날과 같은 날에 출근하기도 하였다. 그날 아침도 퇴근 날과 같은 날 출근을 하는데 아내가 마음먹고 오늘은 일찍 오라고 다짐하는 것이다. 나는 '그러지.' 하고 예사로 대답하고는 출근하였다. 그렇지만 그 대답은 퇴근 때는 이미 잊었다. 그리고 모임에 참석하여 술이 얼큰하여 자정이 되어서야 집에 들어갔다. 집에 도착하여 현관에서 벨을 누르려고 보니 조그마한 쪽지가 한 장 붙어 있었다. 쪽지에는 이렇게 쓰여 있었다.

'강종우 너 죽었다!'

나는 그 쪽지를 보고는 배꼽 아래서부터 올라오는 짜릿한 웃음을 한 번 웃었다. 행복이란 것이 아마 이런 것이구나! 하고. 지금도 그때 생각을 하면서 매일 보는 아내의 얼굴을 보면서 히죽거린다. 중증 팔불출 증세이지만 지금이라도 아부를 해 놓아야 이사 갈 때에 동행 허가증을 받을 수 있을 것이기 때문이다.

존재의 이유

요즘 노래방에 가본 경험이 없는 사람은 없을 것이고 누구나 한두 곡쯤 애창곡이 있을 것이다. 내가 노래방에서 부르는 노래 순서를 보면, 〈원점〉으로 시작하여, 〈존재의 이유〉, 〈사랑을 위하여〉이다. 하지만 이 순서는 대개 그렇고, 항상 똑같지는 않다.

우리가 평생을 살면서 '왜 사느냐?'의 물음에 확실하게 대답할 사람은 거의 없을 것 같다. 대부분의 사람이 그럭저럭 살아가고 있고 그 범주에 나도 포함된다. 가끔 나도 심각하게 생각해보지만, 아무리 머리를 싸매야 해답이 나오지 않고 어쩌다 한 번 생각한다고 답이 나오는 물음도 아니다. 그러나 유행가 가사에서는 그 답이 간단히 나온다. 그것이 내가 〈존재의 이유〉를 애창하는 이유이다. 노랫말에서 살아가는 이유가 사랑하는 사람이 있기 때문으로 되어 있다. 사랑이 존재의 이유다. 유행가 가사이지만, 삶의 철학적 존재 이유가 설명이 될 수 있을 것 같다. 그러다 '사랑이 무어냐고 물으신다면 눈물의 씨앗'이라는 노랫말에 도착하면 그동안의 철학적 사고는 물거품이 되고 그럭저럭 살아가는 원점으로 되돌아온다. 짧은 머리로 한참을 생각하다 보면, 존재의 이유가 철학적으로 제법 진전을 본 것 같은 생각이 들다가도 다시 한 번 돌이켜 생각해보면 유행가 가사의 연속처럼 원점에서 그대로 맴돌고 있을 뿐이다.

일전에 고등학교 졸업 30주년 기념으로 전국 각지에 흩어져 있는 고교 동기들이 모이는 행사에 참석한 적이 있다. 나의 소극적 사고에 이런 행사 참석엔 의미를 두고 있지 않은 터라 참석의사가 별반 없었다. 하지만 부산에 살고 있는 동기들의 간곡한 권유에 불참할 이유를 찾지 못하여 마지못해 동참하게 되었다. 나는 고교를 졸업하고 줄곧 객지생활을 하였던 관계로 고향의 동기들과는 거의 대면하지 못하고 풍문으로 소식을 전해들은 것이 전부다. 이번 기회에 옛 학창 시절 친구들의 얼굴이나 한 번 보면서 살아온 얘기를 듣는 것만으로도 의미가 있는 것이라 생각하였다. 그래서 그때의 벗들에 대한 정겨운 막연한 감정을 가슴에 간직하고 행사장으로 향하는 버스에 올랐다. 전세버스를 타고 행사장에 도착하니 동기 회장을 비롯한 임원들이 나와 전국 각지에서 오는 동기들을 맞이하고 있었다. 동기회에서 학교 졸업 후 첫 대면한 동기들은 옛날 학창 시절의 그 벗이 아니고 내가 모르는 30성상의 세파를 넘어온 중년의 당당한 신사들이었다. 친구라고 하지만, 우선은 낯선 그들과 악수를 하면서 새삼 세월의 변화를 실감했다. 30년 만에 만나는 그들은 벗이라는 기억 속의 막연한 추억보다는 낯선 모습으로 다가왔다. 오랜 세월 만나지 못한 어색함과 벗이란 개념이 섞여 어정쩡한 자세로 만남이 시작되었다. 그러나 만남의 시간이 조금 지나니 금방 오랜 지기로서의 정을 나누는 것을 보고 학교 동기가 좋기는 좋구나! 싶었다. 그들의 변화된 모습에서 30년이란 세월 동안 자신을 가다듬고 존재의 가치를 확실하게 확보하고 살아온 흔적들이 벗들의 행동과 언어에서 자연스럽게 드러나 내심 부럽기도 하고 뿌듯했다. 그리고 나라는 존재는 그들에게 어떤 향기와 모습으로 다가가 그들이 모르는 나만의 30년을 짐작하고 있는지가 궁금해졌다. "사람이 나이 40을 넘으면 자기의 얼굴에 책임을 져라."는 말처럼 자신이 어떻게 가꾸고 살았는지 은연중에 남에게 보여질 것이다. 그러니 사람이 '왜 사느냐?'도 중요하지만, '어떻게 사느냐?'가 더 중요할 것 같다. 내 자신이 살아온 세월을 돌이켜보면 한마디로 욕심의 충족을 위해 살았다고 해도 과언은 아닐 것이다. 그러니 나의 향기가 향기롭지만은 않으리라 짐작된다. 법정 스님의 ≪오두막 편지≫라는 책 표지에 "입에 말이 적고, 배에 음식이 적고, 마음에 일이 적다면 능히 성인이 될 수 있다."는 어구가 있다. 남음도 모자람도 없는 인생일진대 채울 수 없는 욕심으로 자기 향기를 더럽힐 필요가 있을까.

채울 수 없는 욕심으로 배를 채우기보다는 가슴이 뜨거운 사람을 만나 마음만 먹으면 항시 채울 수 있는 소주로 배를 채우고, 노래방에서 애창곡 설운도의 〈원점〉으로 노래를 시작한다.

제5부
산다는 것이 두려울 때가 있다

연륜

우아한 드레스를 입은 두 연주자가 무대로 올라와 깊이 머리 숙여 인사하고는 무대 중앙에 위치한 그랜드 피아노 앞의 의자에 앉는다. 무대에 올라 들뜬 마음을 가라앉히고자 눈을 감고 잠시 호흡을 고른다. 그리고 가만히 손을 피아노 건반 위로 올려놓고는 서로의 시선을 나눈다. 두 사람이 마주치는 시선에서 아찔한 긴장감이 엄습한다. 두 연주자가 첫 건반을 치는 찰나의 순간에 한 치의 틈이라도 생긴다면 그 연주는 엉망이 되고 말기 때문이다. 그래서 두 연주자의 시선이 교차되는 순간에 나는 자신도 모르게 마음을 졸이게 되는 것이다. 어긋나면 안 되는데 하는 염려다. 하지만 나의 염려와 관계없이 10곡이나 계속 연주하면서도 한 번도 어긋나는 일은 없었다.

나는 피아노 연주회에 가면 객석에서 연주자의 손이 잘 보이는 곳에 반드시 자리를 잡는다. 연주자의 손가락 움직임 자체가 음률만큼이나 황홀하기 때문이다. 건반 위의 손은 피겨 스케이팅 선수가 빙상을 환상적으로 매끄럽게 미끄러지는 것만큼이나 상쾌하고 경쾌하다. 피겨 스케이팅 선수가 빙상에 미끄러지면서 우아한 춤의 향연을 펼치는 것처럼 연주자가 건반 속에 숨어 있는 음들을 뽑아올리면 방청객은 선율 속으로 몰입된다. 피아노 연주를 보노라면 처음엔 연주자의 의지에 따라 손이 움직이다가 어느 정도의 시간이 지나면 선율의 바다가 연주자를 삼켜 버려 그 바다의 파도에 떠밀려 자신의 의지와 관계없이 파도가 이끄는 대로 손이 건반 위를 움직이는 것 같다. 김연아의 피겨 연기만큼이나 화려한 손의 움직임과 함께 터져나오는 음의 늪으로 나는 빠져 들어간다.

피아노를 전공한 어느 교수님의 정년기념음악회. 자신의 제자와 같이하는 연주회다. 두 사람이 같은 곡을 동시에 연주하면서 짧은 순간에 수없이 많이 피아노 건반을 치는데도 한 치의 오차도 없이 동시에 건반을 치는 것이다. 봄바람이 꽃잎을 스치듯이 가볍게 스치면서 건반 위로 손가락이 지나가기도 하고 폭풍우가 쏟아지는 것같이 온몸의 체중을 실어 건반을 두드릴 때도 있다. 연륜이란 것이 저런 것일까. 힘은 젊은이보다 부족할는지 모르지만 한시도 쉬지 않고 평생 동안 쌓아 온 음향은 황홀 그것이었다. 큰소리도 아니면서 부드럽지만 말씀에 무게와

위엄이 느껴져 함부로 범접하지 못하는 인품 같은 세월로 만들어진 향이다.

나무의 나이테는 겨울이 있어야 만들어진다. 인고의 계절에 생존을 위하여 만들어진 나무의 살이 다른 계절에 붙은 살과 구분이 되는 관계로 나무의 수령을 알 수 있는 것이다. 수령이 오래된 나무일수록 많은 겨울을 견뎠다는 의미다. 나이테만큼이나 많은 좌절과 아픔을 경험했다는 증거이기도 하다. 그 많은 세월의 아픔이 갈무리된 나이테가 있기에 계절의 흐름을 아무렇지도 않게 흘러가는 물처럼 바라볼 수 있을 것이다. 공자께서 나이 63세 때 초楚나라의 섭葉땅으로 갔을 때 일이다. 그곳을 다스리는 섭葉공이 공자의 제자 자로子路에게 물었다. 당신의 스승은 어떤 분이냐고. 하지만 자로는 대답을 하지 않았다고 한다. 아마 스승에 대한 평을 하기가 민망하였거나, 아니면 섭공의 자세가 마음에 들지 않았기 때문일 것 같다고 전해진다. 공자께서 뒤에 그 말을 듣고 이렇게 대답하였으면 좋았을 것이라고 하셨다 한다. “其爲人也가 發憤忘食하고 樂以忘憂하여 不知老之將至로다.(그 사람됨이 발분하여 밥 먹는 것조차 잊고, 도를 좋아해서 근심을 잊어, 늙음이 이르러옴도 알지 못한다.)”

세월이 가는 것마저 잊고 지내는 공자님 정도는 우리 같은 범인이야 아무리 해도 미치지 못할 것이다. 그렇지만 연륜이 쌓였다는 것은 산전수전 다 겪어 희로애락 정도는 아무렇지도 않게 가슴에 품을 수 있는 내공이 쌓여 있을 것이고 그 힘만으로도 은근히 남을 설득할 수 있어야 할 것이다. 어느 분야이든 간에 한 분야에 평생을 바쳐온 사람이라면 그 분야에 관한 한 오래 묵어 농익은 향기를 자신도 모르게 우러내게 될 것이다. 연륜이란 것이 농익어 은근하면서 깊고 짙은 향기가 나야 제맛인데 나는 어찌된 셈인지 설익은 연륜으로 아직도 향이 어떤가에 대한 염려를 해야 할 처지이니 가는 세월이 아쉽기만 하다.

산다는 것이 두려울 때도 있다

산다는 것이 가끔은 두려워질 때가 있다. 특별한 이유가 있어서라기보다는 그냥 그런 감정이 생긴다. 그러면 왠지 모르게 불안하고 마음을 제대로 간수하지 못하여 안절부절못한다. 이유를 굳이 붙이자면 내일에 대한 믿음이 없기 때문이다.

내일 무슨 일이 일어날지에 대해 미리 알 수 있는 사람은 아무도 없다. 그러니 모르는 것이 당연한 것이다. 당연한 것임에도 불구하고 이것이 잘못되면 어떡하나 하는 불안과 조바심이 생긴다. 그런 조바심을 가진다고 해서 더 좋은 내일이 보장되는 것도 아닐뿐더러 내일 일은 내일에 반드시 일어나게 마련이다. 그게 좋은 일이든, 아니든 간에.

살아가는 것에 대하여 유난히 겁이 많아서 나는 미래에 대한 불안이 더 큰지도 모르겠다. 겁이 많다는 것은 혹시나 하는 기우가 과장되고 지나치기 때문일 것이다. 겁을 먹는 것과 조심을 한다는 것은 별개의 문제인 것 같다. 조심은 아무리 해도 지나치지 않지만, 겁을 먹는 것은 일을 그르칠 뿐이다. 아무것도 아닌 것 같지만, 미래에 대한 좋지 않은 예상을 하면 자신을 그쪽으로 몰아가게 되고 그런 예상이 현실화될 수 있는 경우가 발생될 수도 있다는 것이 문제인 것이다.

그리고 불행이 닥쳐와 이미 겪고 있을 경우엔 이 불행이 앞으로 영원히 해결되지 않고, 자신과 함께할 것 같은 감정에 사로잡혀 암담해지면서 살아가는 과정을 생략하고 종착역에 도착하고 싶은 마음이 들기도 한다. 실제 그런 사람도 더러 있고 어려움이라곤 없어 보이는 사회 지도층의 사람도 있으니 살아가는 일이 쉽지는 않은 것 같다.

잘못되고 불행한 일은 누구에게나 있게 마련이다. 하지만 누구에게나 다반사로 일어날 수 있는 그 잘못과 불행이 마치 자신에게만 유독 주어지는 짐처럼 느껴 스스로 절망의 구렁텅이로 몰아가는 것은 자신의 마음가짐 탓이 아닌가 싶어진다.

어느 봄날, 아파트 공원의 벤치에 앉아 있었다. 하늘에서 빗금으로 내려오는 햇살은 따뜻하였다. 바람은 이마를 지나 나뭇잎 사이로 지나가고, 바람이 지나는 길목에서 이제 갓 세상에 나와 아직 제대로 몸을 말리지 못한 덜 익은 연둣빛 살결이 햇살을 받아 반짝거리면서 바람을 전송했다.

하늘로부터 텅 빈 공간이 있다. 그 자리로 햇살은 거리낌 없이 내려오고, 바람도 걸림 없이 지나가고 새도 마음껏 날아간다. 세상이 참 아름답다는 느낌이 전신을 채운다. 아름다움을 알고 느낄 수 있다는 것이 행복일 것이라는 깨달음에 자신만이 누릴 수 있는 재산이라는 생각이 들자 마음이 제법 넉넉해진다. 여유로운 마음으로 하늘을 올려다본다. 산 위로 푸른 하늘을 바탕으로 하얀 구름이 한가롭게 지나가고 있다. 하늘로부터 비어 있는 공간, 저것이 없다면 생명체가 유지될 수 있을까 라는 생각에 발길이 멈춘다. 뭔가로 가득 차 있는 곳이라면 우리의 생존이 가능할까. 생존의 증표인 이동은 빈자리가 있어야 가능할 것이다. 빈자리가 없다는 것은 활동의 정지를 의미한다.

텅 빈 공간을 올려보면서 처음으로 비어 있음의 고마움에 마음을 적신다. 나뭇잎 새로 비스듬히 내려앉는 햇살을 받으면서 생각 없이 누워 있는 포대기 속의 아기처럼 포만감에 젖어든다.

감사, 아름다움, 행복, 그리고 은혜, 뭔지 모르지만 이 모든 언어의 느낌들이 온몸을 휘감는다. 이전과 달리 요즘엔 출근길에서도 삶에 대한 긍정적인 느낌으로 마음을 채우기도 한다. 남들이 멀다고들 하지만, 가는 길이 즐겁다면 거리가 그다지 문제가 되지 않고 그 길을 갈 수 있다는 것에 안도한다. 담벼락 아래로 능수버들과 같이 머리를 내려풀고 있는 개나리 가지 위로 노란 꽃잎이 청사초롱처럼 매달려 있기도 하고, 새순이 연두색 솜사탕같이 피어오르고 있는 산이 있고, 길 따라 한없이 핀 벚

꽃을 보면서 차를 몰아가면 살아 있음이 황홀해지고 살아 있다는 것만으로도 행복이 넘친다.

삶의 시계 침이 산그늘이 접어든 시간대를 가리키고 있다 보니 바람이란 욕망의 무게가 점점 줄어들고 있는 것이다. 그 무게가 줄어진 만큼이나 걱정거리의 깊이도 얕아졌을 것이다. 시계의 침이 한낮을 가리키고 있을 땐 욕망의 무게에 짓눌려 내일에 대한 불안과 근심으로 종종 헤맸다. 그러면 헬렌 켈러의 ≪3일만 볼 수 있다면≫ 하는 글을 생각하면서 마음의 평정을 찾곤 했다. 세상사 마음먹기 나름이라는 말이 있듯이 그 글을 생각하면 지금의 어려움 그 자체가 복에 겨운 것 같으니 감사하게 받아들여야 할 것이라는 생각으로 여유를 찾는다. 그런 자신을 달래는 시간이 있어서인지 항시 끓는 물처럼 자리를 잡지 못하던 마음이 요즘은 편안함에 더 많이 시간이 할애되고 있다. 마음이 여유를 가질 만큼이나 수양시간을 가졌다기보다는 시간의 흐름에 따라 자연적으로 욕심의 필요가 줄어들었을는지도 모르겠다. 바람이 적다면 내일에 대한 기대도 낮을 것이고 기대가 적다 보니 내일에 대한 불안도 줄어든 것이다.

사실 내일을 알 수 있다는 것은 정말 불행한 일일 것이다. 다음 책장의 내용을 알고 있다면 우리가 책장을 넘길 이유가 없어지는 것과 마찬가지로 내일을 살 의미도 사라질 것이다. 나무의 나이테가 있는 것과 마찬가지로 생의 여정에도 고난이란 아픔이 있어야 가치라는 흔적이 남는 여행이 될 수 있다.

온고지신溫故知新

가을입니다.

가끔은 맑고 파란 가을하늘을 쳐다보기도 합니다. 남들이 다 가는 단풍 구경도 가보지 못하고 도시의 그늘에서 가을을 보내고 있습니다. 교정 곳곳에 서 있는 나무들이 단풍 구경을 가지 못한 나를 위로해 줍니다. 이걸 보고 있노라면, 좋은 직장에 다니는 것이 느껴집니다. 자신이 근무하는 직장에서 단풍을 만끽할 수 있는 것은 그리 흔하지 않겠지요. 단풍으로 물드는 나뭇잎을 보면 잎으로 할 일이 끝이 난 것을 알 수 있습니다. 여름내 쏟아지는 햇살을 받아 몸통을 위해 영양을 만들고 호흡을 하는 일은 이제는 할 수 없기 때문입니다. 할 일이 끝난 잎은 몸통에서 떨어져나가는 일만 남아 있습니다. 몸통을 위하여 받아온 햇볕을 이제는 자신만을 위하여 쬐면서 빨강, 주황, 노랑 색깔로 아름답게 익고 있습니다. 우리 아파트도 조경이 참 잘 되어 있습니다. 여기서도 단풍을 보는 즐거움이 있습니다. 테니스 코트에서 푸른 띠를 두른 울타리 너머로 물이 잘 든 단풍이 주렁주렁 달린 나무를 보고 있습니다. 그것을 바라보는 것만으로도 가을의 정취가 가슴에 담겨집니다. 갑자기 누군가가 긴 장대로 단풍잎을 따기 위하여 나뭇가지를 연방 때리고 있습니다. 괜히 나 자신이 장대에 맞는 것처럼 아파옵니다. 말리려고 내다보니 연만하신 경비 아저씨입니다.

"아저씨! 그건 그냥 내버려둬도 저절로 떨어질 텐데 내버려두지요."

그 말을 밖으로 내뱉지 못하고 그냥 삼키고 맙니다. 매일매일 떨어져 내리는 나뭇잎 치우는 것이 그분에게는 노동이 될 것입니다. 그것을 생각하니 차마 그 말이 나오지 않았습니다. 요즘 사람들은 자연스럽게 저절로 되는 것을 참 싫어하는 세상입니다. 그냥 둬도 될 것을 중간에 끊어서 시간을 끌어당겨야 직성이 풀리는가 봅니다. 남보다 빠르지 않으면 이길 수 없으니 그럴 수밖에 없을 것이라 생각됩니다. 종종 멀쩡한 가구들이 집 밖으로 나와 쓰레기로 뒹굴고 있는 것이 보입니다. 수명이 다해서이기보다는 신형이 나왔거나, 신물이 나서이겠지요. 지금은 성능은 별 문제가 되지 않고 유행이라는 속도를 따라가지 못하면 살아남지 못하는 것 같습니다. 구형은 대접을 받지 못하고 쓰레기로 버려지는 것이지요. 사람도 구형은 대접을 받지 못하기는 마찬가지인가 봅니다.

제법 지난 일입니다. 어느 신세대 정치가가 노인들은 투표하지 말라고 하여 연세 많으신 어른들에게 호되게 꾸지람을 받았던 일이 기억납니다. 며칠 전인가 어느 유명 언론사가 여론의 따가운 눈총을 받자 그 언론사 노동조합에서 그 이유를 수구 보수주의자들 때문이라고 합니다. 그 말을 들으면 왠지 서글퍼집니다. '수구세력'이란 말은 어떻게 들으면 늙은이들이라고 하는 것 같습니다. 늙은이들이 제 욕심만 채우려고 우리를 못살게 했다고 들리기 때문입니다. 수구守舊란 말은 옛것을 지킨다는 말인데 그렇게 나쁘게 통용되어도 되는지 모르겠습니다. 우리가 어릴 때 배운 교훈 중에 온고지신溫故知新이란 말이 있었습니다. 옛것을 익히고 그것을 미루어서 새것을 앎이란 말뜻이지요. 지난날이 없으면 지금이 없듯이 지금이 없는 미래도 없을 것입니다. 나는 가끔 지금처럼 생각하고 살았다면 좀더 잘 살 수 있었을 것인데 하는 생각이 들곤 합니다. 사람 사는 게 다 마찬가지지만, 항시 후회하고 살 수밖에 없습니다. 그러나 그런 지난날이 있기에 지금의 내가 존재하지 않을까요.

지난 11월 30일은 무역의 날이었습니다. 무역의 날은 우리나라가 처음으로 수출 금액이 1억 불이 된 날을 기념하기 위하여 정한 것입니다. 그것은 지금으로부터 41년 전인 1964년입니다. 무역의 날에 집계한 올해의 수출 금액은 그때의 5,000배인

5,000억 불입니다. 평균으로 매년 122배로 증가한 것이니 정말 엄청 늘어났습니다. 수출 1억 불, 그때는 참말로 가난한 시절이었습니다. 먹고살기 위하여 못할 일이 없었습니다. 동남아의 가난한 나라에서 대학을 졸업한 분들이 먹고살기 위하여 우리나라에서 우리가 더럽다고 하지 않는 일을 하면서 돈을 벌려고 하는 것과 별반 다를 바 없을 것입니다. 우리도 가난하고 억척스럽게 살았습니다. 그게 없었다면, 수출 5,000억 불도 없었겠지요. 지금은 구형이 된 그때 가장들은 가족을 위하여 참 힘들게 열심히 일을 할 수밖에 없었습니다. 그때는 고생을 해도 옛것을 받들어 효孝가 있었고, 충忠이 있었고, 신信이 있었습니다. 그래서 나이 든 노인도 집안에서 어른 대접을 받으면서 지혜로 보탬을 주곤 했지요. 지금은 그런 것들은 구식으로 쓸모없는 것이 되어버렸고 이익의 다툼만 있는 것같이 느껴집니다. 자신에게 이익이 되면 내 편이고 아니면 적이 되는 것입니다. 다툼에서 자성自省은 패배를 인정하는 것이니 할 수 없을 것입니다. 그러니 자신의 과오를 인정하기보다는 그 책임을 수구로 돌리는 것 같습니다. 힘 없는 노인이야 앞으로도 별 도움이 될 수 없을 것이니 핑계의 대상으로 치부하여도 관계없을 것 같습니다. 나이가 들면 모든 게 줄어들지만, 지혜는 는다고 하는데 지혜가 필요 없는 세상이 되었으니 참 아쉽습니다.

단풍이 든 나뭇잎은 몸통을 위해 더 이상 할 일이 없지만, 남은 시간에는 자신을 위해 햇볕을 쬘 수 있습니다. 서둘러 떨쳐

내지 않아도 스스로 떨어져나갈 것이니 그 정도 배려는 그동안 몸통을 위하여 희생한 보상이 되겠지요.

입영별곡入營別曲

아들과 둘만의 첫 여행은
논산 연무대였네.
무슨 벼슬길에 오른다고
몇 날 전부터 밤마다 축하연이라
아들놈 얼굴 보기도 힘들었네.
오순도순 가족끼리 밥이라도 할까하여
오늘 내일 채근하면
이놈이 뭐가 그리 바쁜지
“나중에 하지유.”
그래저래 지내다
같이 밥 한 끼 먹지 못하고

출발 날이 다가왔네.

06시 서면에서 버스 출발이라
아들 보고 일찍 자라 당부하고 잠자리에 들었는데
새벽 5시에 일어나 아들 방 들여다보니
아들놈 흔적 없네.
어제 저녁 그렇게 다짐을 하였거늘
이 일을 어쩌나 하는 생각에
눈앞이 깜깜하여
괜히 마눌에게 화풀이를 하며
핸드폰으로 다이얼을 돌리는데
"지금은 연결이 안 됩니다."하는 여자 목소리가
뺑덕어멈의 목소리만큼이나 밉살스러운지
갑자기 가슴에 납덩이 하나가 덜렁 올라오는데
현관문이 열리면서 아들놈이 들어서네.

이놈 하고
목구멍까지 올라와 있던 욕은
온데간데없고
반갑기가 용왕이 토끼를 본 것만 하고
이도령이 춘향을 본 것만 하네.
얼른 밥 묵어라.

하고는 대충 씻고
집을 나섰네.
마눌과 작별을 하고 버스에 올라타니
아들은 간밤 가보지 못한 꿈길에 들어서고
버스는 서면을 출발하여 교대 앞을 지나 동래 전철역에서
다시 돌아 만덕으로 들어서는데
옳다구나 대진고속도로로 가나 보다 하고 있는디
남해고속도로 진입 직전에 다시 손님을 태우더니
남해고속도로에 진입을 하기에
인제 바로 가는구나 싶어 간밤에 다 못 간 꿈길을 가는디
이기 어찌된 일인지 차도가 낯선디 한참 지나 보니
김해대동 인터체인지라
거기서 또 손님을 싣고
경부선으로 달리는데 이기 또 샛길로 가는 기라.
아뿔싸, 이게 울산으로 달리는 게 아닌가.
머리에서 도깨비 뿔이 올라오고
가슴에서 김이 나고, 속이 부글부글 끓는 것이 아니 것는가.
그래도 날이 날이라 속으로 삭이는데
아침 먹지 않은 게 천만다행이라 그만으로 빈속을 채울 수가
있으니

우여곡절 끝에서야 겨우 목적지에 도착하니

예정시간보다 삼사십 분 정도 늦은지라
늦기 전에 밥이라도 먹이려고 식당을 찾는디
식당 주인이 손님을 부르는 것이
집나간 자식 찾는 것만큼이나 애타게 불러쌌는데
막상 밥을 시켜 놓고 보니
놀부 마누라가 차린 흥부밥상 같아
제 아들 군에 갈 때도 이렇게 주는지
따뜻한 밥 먹이려는 마음이
식당 주인 마음보에 허무하게 무너졌지만
이마저 없다면 하는 생각에 감사한 마음으로 생각을 돌리고
아들놈과 밥상에 마주앉아
지놈 밥 먹는 것을 볼라치니
먹는 둥 마는 둥
허기야 제놈이 저 밥을 먹을 수 있겠는가
지갑 하나 사서
밴드하고 연고를 채곡채곡 챙겨 넣어
아들 손에 쥐어 주고

연무대 후문에 들어서니
언제쯤이나 다시 만날 수 있을는지
제놈 밉쌀 짓에 옳다구나
이제 사람 좀 되는구나 싶어 기다리고

기다렸던 그날인데도
몸 어디에도 없었을 것 같은 서러움이
자꾸 눈을 시리게 하는데
언제 왔는지 내 어깨를 감싸는 아들놈의
손이 얼마나 따뜻한지
벌써 이래 컸구나.

입소식 행사에
입소하는 아들들
전송하는 가족들 줄줄이 따라 나서
연병장 들어서니
이 자리가 전송의 끝이라
아무리 거북이 등짝 같은 가슴짝이라도
마음은 숨겨지지 않고
짠한 마음이
사방으로 연기처럼 올라오고
내 마음이 그 마음이라
눈길 둘 곳이 없어
먼 하늘 쳐다보지만
안타까움은 그대로이고

연대장 인사말씀

아버지가, 삼촌이 그리고 형님이
이곳을 지났고
이제 여러분이 이 자리에 왔으며
동생, 아들이, 조카가
그리고 그 후손들이 이 나라를 지키고자
또 이 자리에 설 것이다.
맞다. 맞다.
하지만 지금의 아쉬움에 무슨 위로가 되려나.
줄지어 연병장을 돌아가는
그놈 보고
손 흔들며
눈물 감추고
돌아서는 연무대
누군가 하여야만 하고
너도 반드시 가야할 길
부디 잘해라.

돌아오는 귀향길
부산으로 직행하는 대진고속도로로 달려도
혼자 오는 마음
둘러가는 아침의 그 길보다
즐겁지 않았지만

마음 돌려 생각하니
내가 못한 교육
국가가 대신하니
교육비를 따로 내지 않은 공짜 교육에
듣기 좋게 국방의무네.

잠 깨면 제 방 들러 보는 것이 습관이라
빈방 둘러보고
없는 아들 생각하니
잘할는지 걱정이고
고생이 눈에 선하지만,
지놈만 하는 것도 아니고
걱정할 것 없다고 달래보네.
세월이 유수라 했는디
잠시 지나 다시 만나면 얼마나 변하였을는지

아들놈 빈자리
가슴 짠하지만,
혹시라도 하는 걱정인데
오늘에사 옷과 같이 편지가 도착했네.
반갑기 그지없어
흥부가 밥풀 때어 먹듯

한걸음에
읽어보니
몇 자 안 되는 글자로
삐뚤빼뚤
"편하지는 않지만 할만 하다고."
그만으로도
반갑기가 한량없고
대견하기가 태산 같아
몇 번이나 읽어 보았다네.

하기야, 아들놈이 입영한 것이
그렇게 아쉬울까만은
지놈과 같이 살 인연이 길지 않은 걸 알기에
그래서 아픈 걸
지놈이 어떻게 알까
그래도 이 말은 해야제.
이제는 너 혼자 잘해야 한다고
이제 아버지가 너를 위해 별 도움이 안 된다고
그리고 잘 살아야 된다고.

저문 가을

날씨가 제법 차가워졌다. 엊그제만 하여도 소슬바람이 상큼하여 청명한 하늘만큼이나 기분을 가볍게 하더니만, 이제 바람에 한기가 묻어 있다. 여름 내내 쏟아져내리던 햇살은 당당함 때문인지 허리를 곧추세운 탓으로 몸을 낮추어 옆으로만 들어올 수 있는 창을 아예 외면하였지만 지붕으로 내려오는 열기만으로도 여전히 감당하기 어려워 선풍기나 에어컨을 동원했다. 이제는 몸을 낮추고 비스듬히 들어와 거실 끝까지 들어선다. 하지만 햇살은 한여름의 열기는 이미 가시고 할머니 손 같은 따스함이 겨우 마루를 데우고 있을 뿐이다. 사람이나 자연의 현상이나 힘이 있을 때는 허리를 낮추지 못하다 세월이 가고 힘이 없으면 겸손해지나 보다.

지금의 초등학교에서는 어떻게 줄을 세우는지 모르지만, 내가 초등학교에 다닐 때는 "앞으로 나란히!"로 줄을 섰다. 선생님은 앞에 있는 학생만 이끌면 줄줄이 따라가니 아이를 다스리기가 수월해서인지 '앞으로 나란히' 만 한 것 같다. 그럼 뒤에 줄을 선 우리는 아무 생각도 없이 줄줄이 따라간다. 앞에 선 사람이 어디에 가고 있는지에 대한 생각은 없고 따라만 가면 되는 것이다. 우리가 살았던 세상이 그래서였는지 나는 '앞으로 나란히' 줄을 맞춰 살았다는 생각이 든다. 그래서 뒤에 선 나는 항상 앞서가는 사람의 그림자만 밟고 따라나서면 문제가 없기 때문에 생각할 필요가 없었다. 그렇게 따라나섰던 인생인데 어느덧 앞선 사람이 자꾸만 줄어들고 보이지 않는 것이다. 이제는 내가 앞줄에 선 것이다.

일전에 재종형님 아들이 장가를 들게 되어 결혼식에 참석한 적이 있다. 그곳에 신랑의 종조부이고 나에게 친가로 유일하게 생존한 윗대인 서울에 계신 당숙께서 오셨다. 일흔 중반을 넘었으나 검은 양복에 깃털이 옆에 붙어 있는 검은 중절모를 쓰신 당숙은 멋이 있었다. 나이가 들어서도 멋을 부리니 보기에 좋았다. 그 숙부를 보면 아직도 동심의 시절로 돌아간다. 숙부는 상이용사셨다. 육이오에 참전하여 소속 소대원 중에서 생존하신 두 분 중의 한 사람이다. 하지만 왼손 팔꿈치로부터 총알이 관통하여 왼손을 잘 쓸 수가 없다. 당숙께서는 결혼하여 신혼을 우리 옆집에서 시작한 관계로 나는 당숙 집을 무시로 드나들었다. 당시만 하여도 집안끼리 이웃에 있는 것이 울이 되어 서로 기대고 살았던 시절이다. 그렇지만 당숙은 빈농의 후손으로 물려받은 경작할 논밭도 제대로 없는 데다 신체적 결함으로 노동력도 충분하지 않아 생활이 참 곤궁한 편이었다. 그러다 상이군경에 대한 취업이 알선되어 서울의 어느 은행에 근무하게 되어 하루가 걸리는 완행열차를 타고 상경하였다. 그 후는 별로 만날 기회가 없이 가끔 집안의 행사 때나 뵈었다. 하지만 추억은 그 유년기만 남아 있어 그런지 만나 뵈면 항상 그 시절의 생각밖에 없다. 당숙께서는 결혼 피로연에서 식사를 하고 오랜만에 고향에 와서 자신이 살았던 곳을 한 번 보고 싶다면서 먼저 자리에서 일어섰다. 고향의 옛집을 보고자 가시는 당숙을 배웅하고는 왠지 모르게 눈에 물기가 어렸다. 아마 식사 때 마신 술 탓일 것이다. 나이 드신 분들의 등을 바라보면 나도 모르게 눈이 시리다. 돌아서서 가시는 그 등을 보고 있으면 짧은 겨울 해를 아무리 쬐고 있어도 따뜻해지지 않는 것같이 아쉬움만 남는다.

그 어른이 안 계시면 이제는 내 앞에서 줄을 이끌어갈 사람이 몇이나 될까. 긴 여름의 햇살이 머리 위에서 쏟아지고 있을 때는 그늘에만 있어도 뜨거웠는데 이제 그 햇살이 몸을 낮추어 길게 거실 안쪽까지 들어오고 있어도 열기는 없어지고 안쓰러운 온기만 남아 있다. 앞에 긴 줄이 있을 때는 등만 보고 가도 든든하고 아무 걱정이 없었는데 이제는 그 등을 보면 왜 그렇게 눈이 시리고 안쓰러운지.

저문 가을.

태풍 매미로 혼이 달아나 버린 듯이 창백한 나뭇잎이 초라한 단풍을 머금고 간신히 붙어 있다 스치고 지나는 바람에도 떨어져 내리고 있다.

양반은 고기를 뒤집어 먹지 않는다

나이라고 자랑할 만큼 연식이 되지는 않았지만, 가끔은 유년 시절의 낡고 먼지가 가득 내려앉은 기억의 창고를 더듬어 본다. 그러다 있었는지도 모를 정도로 희미하여 꿈결 같기만 한 일들이 먼 산 넘어 번갯불처럼 언뜻언뜻 생각이 나면 사금을 찾는 사람이 모래 속에서 반짝거리는 금을 본 것처럼 마음이 들뜬다. 어느 날 아침, 테니스를 마치고 땀을 씻으면서 계란 반찬을 안주삼아 막걸리를 마시는 자리에서였다. 동석한 동호인 조 교수가 "계란 이거 참 엄청 귀한 것 아이가."라는 말을 불쑥 던지면서 그 오래되고 낡은 기억의 창고 속으로 몸을 쑥 밀어넣는 것이다. 자신이 어릴 때, 집으로 손님이 찾아오면 자신의 어머니께서는 반찬으로 계란을 내어놓으셨다고 한다. 문틈으로 들여다보고 있으려니 손님이 계란을 남기지 않고 다 드시고 말았다. 먹고 싶은 심정에 부엌에서 울며 뒹굴고 말았고, 엄마는 손님에 대한 미안함과 창피한 마음에 부지깽이로 직사할 만큼이나 때렸다. 엄청 맞았다는 얘기를 하는 그의 가슴 위로 어머니에 대한 짠한 그리움이 한여름의 바람처럼 스치고 지나간다. 그리고 그 바람은 곁에 있는 나의 마음까지도 들쑤신다. 산발치에 가난이 소복이 쌓인 초가지붕 아래서 풋고추를 듬성듬성 썰어 넣고 호박잎을 비벼 넣은 된장국 냄새가 담장 밖으로 퍼져나가는 곳으로 나는 벌써 향하고 있었다. 우리 형제는 마루에 옹기종기 빙 둘러앉아 밥물이 넘친 된장국 뚝배기를 상 복판에 두고 꽁보리밥을 먹고 있노라면, 아래 사랑채에서 놋그릇의 금속성 소리와 함께 할아버지의 잔기침 소리에 이어 상을 내라는 분부가 떨어진다. 부엌에 계신 어머님은 숭늉을 내어가시고 바로 상을 내어 오신다. 우린 그 남긴 밥과 찬을 먼저 먹으려고 야단을 했다.

내가 어릴 때, 할아버지를 모시고 사는 대가족이 많았다. 어느 할아버지나 식사할 때는 밥을 절반이나 남기셨다. 생각엔 나이가 들면 식사의 양이 적어져 남기는 것으로 알았다. 당시 우리나라의 경제 형편이 여유롭지 못한 관계로 먹는 것마저 마음대로 되질 않았다. 그렇지만 집안 식구 대부분이 보리밥으로 허기를 면하여도 집안 어른(할아버지)에게는 그래도 쌀밥을 지어 올리는 것이 일반 가정의 방식이고 반찬도 가끔은 고기(생선)를 올렸다. 할아버지께서는 밥 한 공기를 다 드시는 것을 한 번도 본 적이 없었고, 고기라도 올리면 꼭 반만 드시고 반은 남기셨다. 지금 생각해 보면 양이 적었다기보다는 손자들을 위한 배려였던 것이었다.

어릴 때 흔히 들었던 말 중에 경제 발전과 사회 환경의 변화로 지금은 사용하지 않는 말이 더러 있다. "양반은 고기(생선)를 뒤집어 먹지 않는다."라는 말이 그 중 하나다. 양반이 없어졌으니 굳이 고기를 뒤집어 먹지 않아 양반이 될 이유도 없어졌고 음식이 부족하지 않은 지금의 식생활에서는 음식을 남길 이유도 없어졌기 때문이다. 그래서 그 말은 사용되지 않고 구식 사람들에게 희미하게 기억으로 남아 있을 뿐이다. 당시는 손님으로 가도 대체로 음식을 남기는 것이 미덕이었던 것 같았다. 할아버지나 양반이 음식을 남기는 것은 아랫사람에 대한 배려일 것이다. 비록 음식에 지나지 않지만, 그것을 나누어 먹는 배려가 있기에 윗사람으로 특별 대접을 받아도 욕을 먹지 않았던 것이고, 공동체 사회에서 나눔과 베풂을 실천하는 삶의 방식이 있기에 가난 속에서도 사회적 질서가 유지되었었던 것이다.

월드베이스 볼의 경기가 어제로 끝이 났다. 일본과의 다섯 번째 경기인 결승에서 아깝게 졌다. 이겼으면 기분이 엄청 좋았을 것이다. 특히 일본을 이긴다는 것은 우리 국민 감정으로 그 기분의 강도가 훨씬 더했을 것이다. 개인적으로 따진다면 실속은 하나도 없지만, 기분은 틀림없이 좋은 일이다. 사람은 대체로 승부욕이 강한 것 같다. 내기 바둑도 아니지만, 한 수 물러주지 않는다고 멱살잡이를 하는 것이나, 유럽의 축구경기 후 응원하는 사람끼리 일어나는 폭력 사태를 보면 이 승부욕은 동서양을 막론하고 강한 것 같다. 아마 승부욕의 근원은 생존을 위한 투쟁이란 본능에서 출발하여 그렇지 않을까 하는 생각을 가져본다. 매년 가을에 출신 고교의 동문 가족 체전이 있다. 동문 간의 우애를 돈독히 하고 모교의 발전과 후배를 위한 지원을 다짐하는 만남의 장이다. 축구를 비롯한 다양한 경기가 열린다. 선후배의 만남의 장이지만, 경기를 하다 보면 선후배를 떠나 치열하게 진행된다. 그러다 보니 본의 아니게 선후배 사이에 있을 수 없는 추태가 가끔 발생되기도 했다. 선후배 간의 경기이면 양보와 배려가 기본일 것이지만, 이기려는 욕심이 앞서 심판에 대한 항의, 경기 룰에 대한 다툼, 그리고 지나친 태클로 있을 수 없는 불상사가 가끔 일어난다. 운동 경기를 하기만 하면 자신의 체력은 생각하지도 않고 이기려고 하는지 모르겠다. 그렇게 욕심을 낸다고 하여 이길 수도 없다. 그러니 욕심 때문에 추태만 남는 경우가 더러 있다. 나이가 들고 윗사람으로서 존경을 받으려면 배려라는 미덕이 있어야 할 것이다. 그럼에도 불구하고 이기려는 욕심을 다스리지 못하여 체면이 구겨진다. 그 한순간의 기분 때문에 두고두고 후회할 일을 왜 하는지 모르겠다.

아무리 양반 출신이 아니고 양반이란 말도 없어졌지만, 양반 흉내라도 낼 수 있으면 좋을 텐데.

찔레꽃

5월에는 찔레꽃 향기가 있다. "찔레"하면 토속적이고 어딘지 여리고 아픈 추억이 있는 것처럼 들린다. 어릴 때 자주 불렀던 노랫말 때문인지 모르겠다. "엄마 일 가는 길에 하얀 찔레꽃/ 찔레꽃 하얀 잎은 맛도 좋지/ 배고픈 날 하나씩 따먹었다오./ 엄마엄마 부르며 따먹었다오." 찔레꽃은 5월에 피고 2내지 3센티 정도로 다섯 개의 하얀 또는 연한 홍색의 꽃잎이 핀다. 이름처럼 가냘프고 청초하면서 토속의 향기를 가득 담고 있는 소박한 꽃이다. 5월이면 보리가 한참 익어가는 계절로 내 어릴 때 배고픈 보릿고개를 넘는 시기이기도 했다. 그 시절 찔레를 꺾어 먹고 배를 채운 적이 있어서인지 모르지만 나는 찔레꽃 하면 슬픈 추억처럼 다가온다. 한하운이 천형의 병을 얻어 소록도 가는 길, 보리가 흐드러지게 피어 있는 황톳길, 터벅터벅 걸어간 길, 가도가도 천 리 먼 전라도 길, 가도가도 끝없는 길을 5월의 뜨거운 햇살을 받으며 숨 막히는 더위 속을 걸어가다 버드나무 그늘 아래 흐르는 땀을 훔치고 남은 발가락이 제대로 있는지 신발을 벗어본다. 그래도 혹시나 하여 발가락을 보면서 살아 있음을 확인하였던 것일까?

서편으로 난 창가 침대에 누워 있으니 저녁 봄볕에 몸과 마음이 봄 햇살처럼 포근해진다. 오른팔에 핏줄과 연결된 주사바늘을 통하여 포도당이 방울방울 들어가고 그 빈자리에 기포가 올라가 링거액의 표면에 연속 파문을 일으키며 수액의 빈자리를 채우고 있다.

가끔 아침에 일어나니 코피가 나기도 하고 어깨와 목이 뻐근하기도 했다. 몸이 제 컨디션이 아닌지라, 지압을 잘하는 동료가 사무실에 온 김에 굳어 있는 몸을 좀 풀어달라고 부탁하였다.

그 양반이 지압을 끝내고 하는 말씀이 "용량을 초과하여 머리를 사용하여 과부하가 걸렸으니 조심하셔요!"

많은 사람 앞에 숨기고 싶었던 두뇌의 빈곤함이 공개되고 말았으니 기분이 별로였다. 하지만 내 머리 수준이 386정도의 속도와 메모리를 가지고 있다는 것은 내 자신도 알고 주위 사람도 다 아는 처지다. 그러니 무슨 변명이 필요한 것도 아닐 뿐 아니라 변명을 해본들 다른 사람이 인정해 줄 것도 아니어서 "그래, 참 그렇다 그자." 하고는 대충 지나쳐 버렸다.

그 뒤에라도 자신의 능력에 맞게 처신했어야 했다. 두뇌의 과부하는 메모리 부족 때문에 불가피하였다 하더라도 몸만이라도 무리는 하지 말아야 할 것을 야유회, 테니스에 과음까지, 그러다 보니 신체의 용량까지도 초과하고 말았다. 미련한 탓인지 과신한 건강에 대한 자만 때문인지 기어코 탈을 내고 말았다. 자고 일어나 화장실에 가려고 몸을 일으키니 어지럽고 몸이 말을 듣지 않는 것이다. 아무리 용을 써도 몸에 식은땀만 나는 것이었다. 어쩔 수 없이 아내에게 도움을 청하고서야 겨우 몸을 바로 세울 수 있었다. 평생 잘하지 않는 구토를 하고 자리에 누워 있으니 몸의 각 부분들이 내 의지의 통제권 밖에 있는 것같이 마음 따라 움직여지질 않는다. 아무 생각 없이 한참을 누워 있으니 비로소 몸의 각 부위가 제자리에 돌아오는 것이다.

아프다는 핑계로 조금 일찍 퇴근하여 병원에 가보기로 했다. 병원에서는 증상에 대한 문진과 간단한 체크로 진단은 끝났다. 결과는 용량 초과다. 쉬면 괜찮을 것이라는 말에 가슴의 납덩어리를 내려놓고 포도당을 맞으면서 침대에 누워 있는 것이다.

그 누워 있는 병실의 좁은 창틈으로 국회의원 선거 운동원들의 선전 구호가 밀려들어와 여유를 즐기는 포만감을 덜어내고 있다. 한편의 선거 운동원이 구호를 외치면 반대편 후보 진영의 운동원이 거기에 질세라 악에 받친 구호를 외치고 또 받아서 하는 악순환이 계속되고 있다. 상대편에 지기 싫어 외치는 저 구호가 우리가 살아 있음을 증명하는 것이 아닌가. 여유가 있으니 저런 소란도 짜증스럽지 않고 삶의 아름다움으로 여겨진다.

"아파 봐야 건강의 중요성을 알 수 있다."는 말과 같이 건강의 중요성을 모르고 지내는 것이 보통 사람들의 생활이다. 아침에는 이러다 진짜로 몸도 바로 세우지 못하고 다른 세상으로 가는구나 싶었다. 이제부터라도 몸을 아껴야겠다는 생각이 절로 들었다. "재산을 잃으면 조금 잃는 것이고, 명예를 잃으면 많이 잃는 것이고, 건강을 잃으면 전부를 잃는다."는 옛말이 있다. 그만큼 건강이 중요하다는 말이다.

요즘에는 건강한 몸을 가졌음에도 남아 있는 생을 스스로 포기하는 사람도 더러 있다. 그것도 본인만 하면 될 것을 아직 피어보지도 못한 어린 자식의 남은 시간까지도 잘라 버리는 것이다. 아무 죄도 없는데 자신의 의지와도 상관 없이 부모의 결정으로 죽음의 순간을 맞이하는 아이들의 생존본능을 생각하면 가슴이 저린다.

신을 벗으면/버드나무 밑에서 지까다비를 벗으면/ 발가락이 또 한 개 없다/ 앞으로 남은 두 개의 발가락이 잘릴 때까지 가도 가도 천릿길 전라도 길.

그 길을 걸어간 한하운은 자살하는 사람을 어떻게 생각할까?

5월에는 찔레꽃이 핀다. 같은 장미라도 정원이 아닌 산이나 들 아무 곳에서나 피어 있다. 가꾸어 주지도 보는 사람도 없지만, 홀로 피어 있는 것이다. 꽃나무가 꽃을 피우는 것은 이유가 없다. 그래서 아름답다. 사는 데도 이유가 없는 것이다.

창호지

어느 날인가 잠을 청하려고 침대에 반듯이 누워 천장을 올려다보고 있었다. 천장 조명등에서 천천히 내려오는 불빛이 참 아름답다고 느껴졌다. 빛과 '천천히'라는 수식어는 어울리지는 않지만 느낌은 그러했다. 그 불빛을 하루 이틀 본 것도 아닌데 그날 밤에 유독 새삼스럽게 미적인 감각이 생겼는지는 알 수 없었다. 우연찮게 그 아름다움을 발견했었다는 것이 나에게는 다행한 일임에 틀림이 없었다.

전구에서 나오는 보통의 불빛이야 아름답게 느껴질 수가 없지만 조명등 불빛은 외부 포장에 따라 달라질 수 있는 것이다. 우리 집 천장의 조명등 틀에는 유리가 아닌 창호지를 붙여 놓았다. 그 창호지를 지나온 불빛은 은은하고 아늑한 정감 있는 분위기를 연출한다. 그 등을 내가 설치했었다면 장치할 때부터 빛이 주는 분위기나 느낌을 알고 있었을 것이지만 내게는 그런 미적 감수성이 없다. 지금 살고 있는 아파트의 옛 주인이 인테리어 회사를 운영하는 사람이라 실내 장식에 대한 특출한 감각을 지녔던 관계로 내실의 조명등 틀에 모두 창호지를 붙여 놓았다. 그 덕분에 내가 침대에 누워 그 분위기를 만끽하는 호사를 누리게 된 것이다.

보통 전구의 빛은 화살처럼 직선으로 날카롭게 달려나와 눈을 똑바로 뜨고 보기가 힘들어 아름다움이나 분위기 하고는 어울리지 않는다. 그 공격적이고 날카로운 전구의 빛도 창호지란 종이 하나를 지나자 직선의 날카로운 공격적 성질은 사라지고 동심원의 파장으로 바뀌어 천천히 다가오는 것이다. 빛깔도 너무 밝은 백색에서 은근한 적색이 감도는 것 같은 부드러운 느낌을 주는 빛깔로 바뀌어 은은하게 비친다. 보통 조명등 틀에는 유리가 부착되어 있고 그 유리의 색상에 따라 건너오는 빛의 색도 다양하게 바뀐다. 유리 색상과 같이 얼룩덜룩할 수도 있고 희부옇게 빛나기도 하고 그냥 투명하기도 하지만 유리처럼 생명감이나 정감이 없이 다가온다. 하지만 창호지를 통과해서 넘어오는 빛은 생체에서 느낄 수 있는 따뜻함이 있다. 창호지란 투박한 종이 하나를 지날 뿐인데 본래 지니고 있는 직선의 공격적 성질도 사라지고 포근하고 따뜻한 정감으로 다가서는 이유는 무엇일까. 빛이 종이를 투과하면서 창호지의 투박하면서도 따뜻함에 동화

되어 그렇게 변했을 것이라는 식의 낭만적이고 문학적인 답 말고는 소박한 나의 지식으로는 과학적인 해답을 찾을 수 없다.

감정感情이란 것이 사물에 대한 느낌으로 그 기분을 반영하고, 빛처럼 직선적이다. 감정의 단어 해석은 사물에 느껴 일어나는 심정이다. 심리적인 측면에서 학문적으로 쾌와 불쾌의 두 가지로 구분하기도 한다. 감정을 표출하는 방법이 사람 따라 달라 그것으로 사람의 평가에 대한 척도가 되기도 한다. 특히 불쾌한 감정을 어떻게 다스리는가에 따라 사람의 성숙 정도를 알 수도 있다.

장자莊者 제19편 달생편達生編에 나오는 '목계지덕木鷄之德'이란 유명한 우화가 있다. 삼성의 고 이병철 회장이 아들 건희 회장에게 평생 마음에 새겨두라는 당부의 글인 '경청傾聽'과 함께 남긴 그림이기도 하다. 그 내용인즉 훈련을 통하여 최고의 싸움닭으로 진화하는 과정에 대한 것이다. 싸움닭의 제일 초보단계는 허장성세나 부리는 닭이요, 두 번째가 싸움을 못하여 안달을 하는 닭이요, 세 번째가 적을 노려보고 지지 않으려고 하는 닭이다. 그리고 마지막으로 최고의 싸움닭으로 곁의 닭이 아무리 싸우려고 해도 동요되지 않고 나무로 만들어 둔 닭과 같아 싸움을 청하는 닭이 스스로 물러나게 하는 닭이다. 싸우지 않고도 적을 굴복시킬 수 있는 싸움을 하지 않는 나무 닭을 싸움닭의 최고의 반열에 올려놓고 있는 것이다. 이는 싸움닭에 비유하여 사람과 사람과의 관계에서 감정의 다스림이 어떠해야 하는지를 잘 나타낸 글귀이기도 하다.

욱, 하는 성질이라 감정을 간수하지도 다스리지도 잘 못하는 편이었다. 위엄이라도 지녔다면 말에 무게가 실리어 제값이라도 할 수 있을 것인데 이도저도 아니라 잘못된 감정의 처리로 손해만 보고 살았던 것 같다. 세월이란 풍화작용으로 내 몸에 있는 신경체계의 시스템도 제대로 작동이 되지 않아 감정의 인지나 반사도 늦어지고 배출도 원래의 양만큼은 잘 안 된다. 시간의 흐름이 준 마모로 내게도 성숙이란 이끼가 겨우 착근할 수 있는 토양이 조성된 것 같은 느낌이다. 그러다 엊그제인가 자신의 권위에 도전을 받아 자존심이 밟혔다는 기분이 들자 본래의 감정 체계가 정상으로 작동하게 되어 다툼이 있었다. 서로간에 거친 말들이 오고가 기분만 다치고 말았다. 기분을 풀기 위하여 상대를 다그쳤지만 기분의 업그레이드는커녕 정작 회한만 남았다.

내 가슴에도 감정이 여과될 수 있는 창호지를 덧대 직선으로 꽂혀가는 감정의 화살을 누그러트리고 따뜻한 정감으로 내보낼 수 있다면 하는 바람을 가져본다.

화무십일홍花無十日紅

"화무십일홍花無十日紅." 어릴 때 어른들이 놀이마당에서 곧잘 불렀던 노랫가락의 한 구절이다. 무슨 말인지도 모르고 따라 불렀던 노랫가락이지만, 지금 그 구절을 새겨 보면 세월의 무상함을 짧은 시구로 가장 적절하게 표현한 것 같다.

시간이란, 시각과 시각 사이의 거리이고 색色과 심心이 합한 경계境界라고 철학적으로 표현이 된다. 그 거리는 나의 소박한 지식으로는 인식이 되지 않는 거리다. 단지, 시계의 바늘로만 다가오는 정도이다. 시계 초침의 이동에 따른 변화만 인식의 계단으로 들어설 수 있다. 그 변화를 잘 표현한 것이 화무십일홍이다. 색을 창조하여, 더하기도 하고, 빼기도 하여 마침내는 아예 색을 영으로 만들어 무無가 된다. 색만 헝클어 버리는 것이 아니고 가치마저 흔들어 놓는다.

언제부턴가 세월이 참 빠르구나 하고 느끼면서 가당치 않은 생각을 가끔 한다. 시계가 직무유기를 한다면 어떻게 될까. 그러면 사람들이 어떻게 살 것인가. 시간이 흐르지 않는 세상. 아인슈타인의 상대성이론에서 "빛의 속도로 움직이면 시간이 정지된다."고 한 기억이 연상되어서인지는 몰라도 사람의 움직임이 빛의 속도가 될 것 같다. 다른 사물은 모두 정지된 상태인 동영상 화면 위로 움직이는 것과 일치할 것 같다. 정지된 화면에서는 어떠한 객체와도 아무런 상호 교류가 없을 것이며, 자신의 행동은 마침표로 끝날 것이다. 시간이 정지된 상태에서 행동이란 다른 변화 즉 그 행동으로 인한 인과관계가 형성되지 아니하고 그로써 마침표가 되니, 움직임이란 의미가 없어진다. 움직임이 가치가 있으려면 주어진 환경 조건과 같아야만 될 것이다. 시간이란 지구 환경을 결정하는 기본적인 구조이고 시간은 지구의 자전속도와 같이 흐른다. 시간의 흐름을 거리로 환산한다면, 1초의 흐름은 약464미터가 될 것이고 사람이 80년을 산다면 평생 171만 킬로미터를 달린 결과가 된다. 지구의 1회의 자전시간이 24시간이고 적도 부근의 지구의 둘레가 40,075킬로미터이니 그렇다. 과학적인 근거라기보다는 나 자신의 하찮은 과학적 사고로 유추한 것이다. 우리 인간은 우주의 공간에 지구라는 배에 승선하여 배의 흐름 속에 운명을 통일시켜 살아가고 있다.

세상에 자살하는 사람도 부지기수이지만, 시간을 붙들어매

놓고 싶은 사람이 훨씬 많을 것이다. 그렇다고 세상의 시계를 모두 박살내어 직무유기를 시킬 수 있을까. 지구라는 배는 승선자들에게 본인의 의사와 아무런 관계도 없이 동의도 구하지 않고 어김없는 기준과 철칙을 준수시킨다.

딸이 텔레비전에 나오는 운동 요령에 따라 맨손운동을 하고 있다. 나도 한 번 해 볼까 하여 따라 해본다. 아무것도 아닌 맨손체조. 하지만 몸은 이미 그마저 용납을 하지 않는다. 안타까움이 시간으로 이미 퇴화된 인식의 좁은 터널로 넘어온다. 빛바랜 사진에서 시간의 흐름이 인식되고, 그 탈색된 사진 속에 자신이 서 있다. 그 사진도 색이 제대로 빠졌으면 좋으련만. 탈모증 환자의 머리처럼 군데군데 얼룩이 져 있다. 색과 같이 온 욕慾이 앙금이 되어 색과 같이 산화되지 않아서 그런가 보다.

1년내 꽃이 피는 곳은 벌이 꿀을 따지 않는다고 한다. 꿀벌이 꿀을 따지 않으면 벌로서 아무런 존재가치가 없을 것이고 꽃이 피고 나서 시들지 않으면 꽃으로서 가치도 없을 것이다. 마찬가지로 늙지 않은 인생은 더 이상 인생이 아닐 것이다. 인생도 늙음이 있어야 철학이 있고 아름다울 수 있다. 그렇다고 세월만 지나면 그냥 아름다울 수 있을는지. 내리막길에서 품위를 유지한다는 것이 쉽지는 않겠지만 앙금으로 남아 있는 욕마저 털어낸다면 시간도 사라질 것 같다.

조주선사의 활이다. 無!

강종우 수필집

꿈꾸는 누드

인 쇄 2010년 10월 1일
발 행 2010년 10월 5일

저 자 강 종 우
발 행 인 서 정 환
발 행 처 수필과비평사

출판등록 1984년 8월 17일 28호
주 소 서울시 종로구 익선동 30-6
운현신화타워 빌딩 2층 208호
전 화 (02) 3675-5633, (063) 275-4000
메 일 essay321@hanmail.net

값 10,000원

ISBN 978-89-5925-756-0 03810